W0330186

# Das INSEKTEN Kochbuch

# Das INSEKTEN Kochbuch

Folke Dammann & Nadine Kuhlenkamp

KOSMOS

# MENÜ

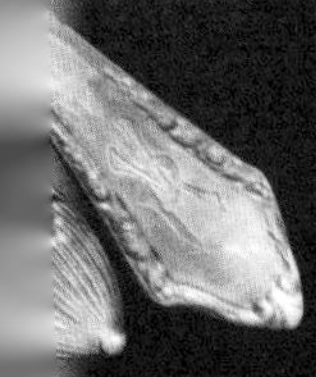

## *1. Gang*



## *2. Gang*



## *3. Gang*



## *4. Gang*

SNACK
insects

SCHOKO-TALER MIT ECHTEN

# INSEKTEN: MEHR ALS EIN GESCHMACKS-ABENTEUER

In vielen Teilen der Welt gelten Insekten als Delikatesse und stehen bei über zwei Milliarden Menschen auf dem Speiseplan. Was nicht verwundert, denn Insekten sind schmackhaft und gesund, exzellente Proteinlieferanten und reich an Mineral- und Ballaststoffen. Zudem sind sie ausgezeichnete Futterverwerter mit einer sehr guten ökologischen Bilanz. Bei vielen Experten gelten sie daher als wichtige nachhaltige Nahrungsquelle der Zukunft und als Fleischersatz.

In New York, Welthauptstadt der kulinarischen Avantgarde, sind Insekten bereits das neue Trend-Essen. Und auch als Power-Riegel, sogenannte „Cricket Bars", Getreide- bzw. Fruchtriegel mit „cricket powder" (Grillen-Mehl) als Proteinzugabe, haben Insekten ihren Siegeszug in den USA bereits angetreten.

In Europa sind Speise-Insekten allerdings noch eine Rarität und werden eher mit Skepsis betrachtet. Doch langsam entwickeln sie sich auch hier zum Trendprodukt. Frankreich und die Niederlande sind dabei Vorreiter, hier sind Insekten bereits in einigen Supermärkten erhältlich. Und auch in Belgien wurden 2014 Schnitzel-Imitate und Brotaufstriche mit Insekten entwickelt und auf den Markt gebracht. Warum also nicht auch hierzulande das Potenzial von Insekten als Nahrungsmittel nutzen? Im Internet und auch in einigen Feinkost- und Outdoor-Geschäften gibt es bereits verschiedene Insekten-Snacks und Insekten zum Kochen.

In Europa werden zurzeit 4 Insekten-Spezies für den menschlichen Verzehr gezüchtet: Grillen, Heuschrecken, Mehl- und Buffalowürmer. Sie garantieren kontrollierte Herkunft und Produktqualität und lassen sich auf vielfältige Weise zubereiten. Als Anregung haben wir 38 Rezeptvorschläge für Salate und Suppen, kleine Snacks, kreative Hauptgerichte und feine Desserts zusammengestellt. Dazu viele Informationen rund um das Thema Insekten.

Wir hoffen, Ihnen mit diesem Buch die Entomophagie (den Verzehr von Insekten) näher zu bringen und wünschen Ihnen viele genussvolle Geschmackserlebnisse.

*Wichtig:* Wer eine Schalen- und Krustentier-Allergie hat, sollte vorsichtig sein, auch Speise-Insekten könnten dann allergische Reaktionen hervorrufen.

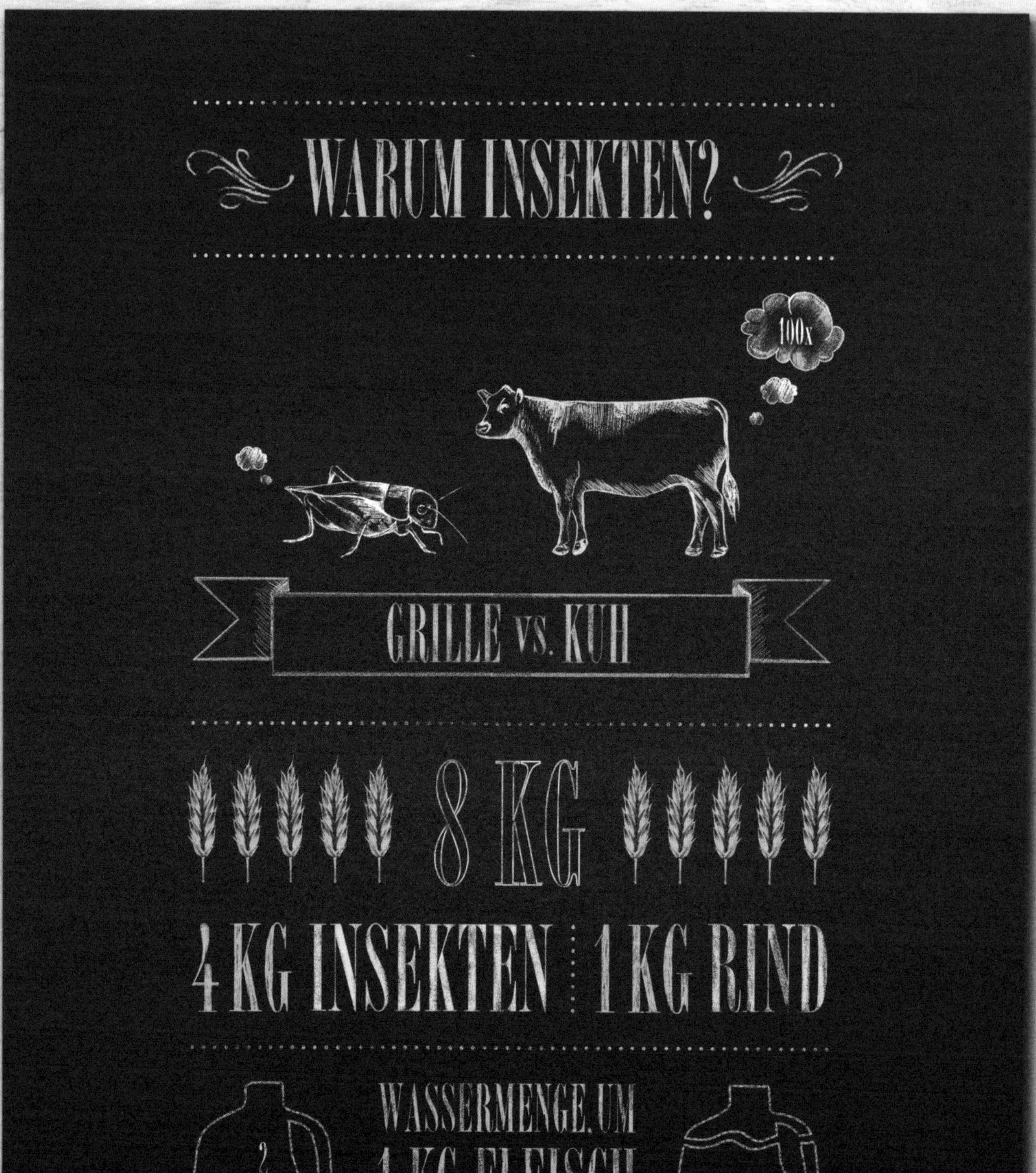
WARUM INSEKTEN?
100x
GRILLE vs. KUH
8 KG
4 KG INSEKTEN
1 KG RIND
2 GALLON
WASSERMENGE, UM 1 KG FLEISCH ZU PRODUZIEREN
4000 GALLON

# *Insekten* NAHRUNGSQUELLE *der Zukunft?*

Die Weltbevölkerung wächst stetig und wird in den nächsten Jahrzehnten voraussichtlich auf über 9 Milliarden Menschen ansteigen. Schon heute werden circa 70 % aller Agrarflächen für Viehzucht oder die dafür notwendige Futtermittelproduktion genutzt und bereits in naher Zukunft werden wir an unsere Expansionsgrenzen stoßen. Um eine Nahrungsmittelkrise zu verhindern und den Raubbau an der Natur zu mindern, könnten Insekten in Zukunft eine wichtige Rolle spielen und entscheidend dazu beitragen, das Ernährungsproblem in den Griff zu bekommen. Auch die Ernährungs- und Landwirtschaftsorganisation der Vereinten Nationen (FAO) bewirbt schon seit einigen Jahren das Potenzial von Insekten als Proteinlieferanten und hat die Industrie-Nationen aufgerufen, Insekten als künftiges Nahrungsmittel zu akzeptieren und bestehende „Ekelschranken" abzubauen.

Großer Vorteil der Insekten: Sie können ihre Nahrung besonders effizient verwerten. Denn als wechselwarme Tiere verbrauchen sie, im Gegensatz zu gleichwarmen Nutztieren wie Rind, Schwein oder Huhn, keine Energie, um eine konstante Körpertemperatur zu halten. Daher ist die Umwandlungsrate von Futter zu Fleisch bei Insekten um ein Vielfaches höher. Durchschnittlich werden 8 Kilo Futter benötigt, um 1 Kilo Körpermasse bei Rindern zu produzieren. Bei Insekten liegt das Verhältnis bei 2 Kilo Futter zu 1 Kilo Insektenmasse.

Auch werden bei der Insektenzucht deutlich weniger Treibhausgase wie $CO_2$ und Ammoniak produziert als bei der momentanen Massentierhaltung. Die Zucht von Speiseinsekten benötigt wenig Platz und auch der Wasserbedarf ist im Vergleich zur konventionellen Tierhaltung um ein Vielfaches geringer.

Insekten könnten in Zukunft auch eine wichtige Rolle als Futtermittelalternative spielen. Im Jahre 2010 lag die globale Futtermittelproduktion bei 720 Millionen Tonnen.
Zurzeit werden in der industriellen Tiermast vor allem Getreide, Soja und Fischmehl eingesetzt. Insekten, insbesondere Insektenmehl, könnten hier eine ökologische und wertvolle Proteinquelle sein und als hochwertiges Futter in der Aquakultur und Geflügelmast Verwendung finden.

# *Insekten würde ich nie essen ...*

*Der Gedanke, Insekten zu verspeisen, weckt bei Europäern meist nur wenig Begeisterung, denn sie gelten hier eher als Ungeziefer denn als Delikatesse.*

Wir verspeisen mit Vorliebe Shrimps und Krabben, genießen rohe Austern und lassen uns Weinbergschnecken mit Kräuterbutter schmecken. Doch wenn es um essbare Insekten geht, rümpfen wir die Nase und ekeln uns. Dabei können sie geschmacklich durchaus mit vergleichbaren Spezies aus dem Meer mithalten. Auch rein optisch ist beispielsweise zwischen Heuschrecke und Garnele wenig Unterschied. Daher ist es eigentlich nicht nachvollziehbar, warum wir Meeresfrüchte auf dem Teller lieben, Insekten aber nicht akzeptieren.

In der Antike standen Insekten auch in Europa noch auf dem Speiseplan. Römer und Griechen verzehrten Termiten, Heuschrecken und Grillen nicht aus Not, sondern weil sie Insekten als wertvolles Nahrungsmittel schätzten. Und in Deutschland stand im 19. und bis Anfang des 20. Jahrhunderts die Maikäfersuppe, die geschmacklich an Krebssuppe erinnerte, hoch im Kurs. Sie wurde aus im Mörser zerstoßenen Käfern zubereitet, die in Butter angebraten und mit Brühe aufgekocht wurden.

Für viele sicher überraschend ist die Tatsache, dass wir täglich mit herkömmlichen Lebensmitteln und Fertigprodukten zugleich auch Insekten aufnehmen. In der Lebensmittelproduktion werden Insekten teilweise gezielt als Zutat eingesetzt, wie beispielsweise der Farbstoff E 120, auch als Karmin oder Karminsäure bekannt. Der rote Farbstoff, der aus getrockneten Schildläusen gewonnen wird, gibt Süßigkeiten, Spirituosen, Marmeladen und Fruchtzubereitungen eine appetitliche Rotfärbung.

Viele Insektenbestandteile nehmen wir allerdings, ohne es zu vermuten, mit unserer Nahrung auf, beispielsweise in Fruchtsäften, Schokolade, Nudeln oder Tomatensaucen und -suppen. Laut einer US-Studie konsumiert ein Amerikaner durchschnittlich jährlich bis zu 400 g Insekten. Nach dem Defect Levels Handbook der FDA (US Food and Drug Administration) ist folgender Insektenanteil in Nahrungsmitteln erlaubt:

- *Hopfen zur Bierherstellung:*
  bis zu 2.500 Blattläuse pro 10 g
- *Schokolade und Schokoladenlikör:*
  60 Insektenbestandteile pro 100 g
- *Dosen-Champignons:*
  20 Maden jeglicher Größe in 100 g Champignons (Abtropfgewicht)
- *Rosinen:* 10 ganze Insekten
  und 35 Fruchtfliegeneier pro 220 g
- *Dosentomaten:*
  10 Fliegeneier oder 5 Fliegeneier und 1 Made oder 2 Maden pro 500 g
- *Weizenmehl:*
  75 Insektenbestandteile pro 50 g

Eine Besonderheit ist in diesem Zusammenhang der auch bei uns so beliebte würzige Waldhonig, der von Bienen nicht aus Blütennektar, sondern vor allem aus „Honigtau“ produziert wird. Dabei handelt es sich um ausgeschiedene Körpersäfte von Schild- und Rindenläusen.

Wenn wir also Muscheln und Garnelen genießen, warum sollen wir nicht auch Heuschrecke, Grille und Co. einen angemessenen Platz auf unserem Speiseplan einräumen? Wenn wir regelmäßig, ohne es zu wissen, Insekten und „Insektenausscheidungen“ verzehren, was spricht dann dagegen, sie auch einmal ganz bewusst zu probieren?

# INSEKTENVERZEHR WELTWEIT

*Während wir in Europa auf Speise-Insekten mit Vorurteilen und Abwehr reagieren, sind sie in anderen Kulturen traditionell ein beliebtes Grundnahrungsmittel.*

Insekten sind die auf der Erde am meisten verbreiteten und artenreichsten Tiere. Mehr als 1.900 Insektenarten werden weltweit in über 100 Ländern als Nahrungsmittel konsumiert. Je nach Spezies werden sie im Ganzen, zu Pasten verarbeitet oder in Mehlform verzehrt.

Die am häufigsten verwendeten essbaren Insekten sind Käfer (31 %), Raupen (18 %) und Bienen, Wespen und Ameisen (14 %). Der Anteil von Grashüpfern, Heuschrecken und Grillen macht etwa 13 % aller weltweit verzehrten Insekten aus, der von Schnabelkerfen wie Zikaden, Wanzen und Blattläusen liegt bei 10 %. Termiten (3 %), Libellen (3 %), Fliegen (2 %) und andere Ordnungen (5 %) werden eher selten als Nahrungsmittel genutzt.

Vor allem in Afrika, Asien und Südamerika stehen Insekten sehr häufig auf dem Speiseplan. Hier werden sie überwiegend in der Natur gesammelt und auf traditionelle Weise zubereitet.

*Afrika*

In Afrika werden in über 30 Staaten etwa 500 verschiedene Insektenarten verspeist. Hier fängt man beispielsweise Mücken mit feinen Netzen, verknetet sie zu einer festen Masse und verzehrt sie zu Kugeln oder Talern geformt. In Uganda werden jedes Jahr zur Heuschrecken-Saison mit Flutlicht beleuchtete Fallen installiert, um die begehrte Beute in großen Mengen fangen zu können. Gekocht, geröstet oder gebraten und mit verschiedenen Gewürzen abgeschmeckt sind die Heuschrecken ein beliebter Snack.

*Asien*

In Asien stehen in über 20 Ländern knapp 250 Insektenarten auf dem Speiseplan. Libellenlarven zum Beispiel sind hier sehr geschätzt und werden mit Kokosmilch, Ingwer, Knoblauch und Chilis zubereitet. Ebenso beliebt sind auch große Sagowürmer, Skorpione oder Wasserwanzen. Vor allem in Asien ist der Insektenkonsum in den letzten Jahren stark angestiegen. Nach Angaben der FAO gibt es in Thailand mittlerweile über 20.000 Insektenfarmen, die Grillen, Würmer und Wanzen produzieren. Die meist kleinen Betriebe können so tausenden von Menschen eine Existenz sichern und Millionen von Konsumenten mit essbaren Insekten versorgen.

*Südamerika*

Auch auf dem amerikanischen Kontinent werden mehr als 500 Insektenarten in über 20 Ländern verzehrt. In Mexiko, wo schon zu Zeiten der Azteken Insekten gegessen wurden, findet man vielerorts die sogenannten Chapulines (geröstete Heuschrecken), die als Streetfood angeboten und meist mit Chilisauce und Limettensaft serviert werden. Beim jährlich im November stattfindenden Jumil-Festival werden traditionell Kiefernwanzen gesammelt und in Tortillas eingerollt verzehrt.

# INSEKTEN

## *Infos, Nährwerte, Zubereitung*

Auf den folgenden Seiten stellen wir Ihnen die 4 Speise-Insekten, die wir für die Rezepte in diesem Buch verwenden, etwas genauer vor.

# Heuschrecken

Die Heuschrecke zählt wohl zu den beliebtesten Speise-Insekten. In Europa wird die Wanderheuschrecke Locusta migratoria für den Verzehr gezüchtet. In verschiedenen Unterarten sind Wanderheuschrecken auch in Afrika, Asien, Europa und Australien verbreitet. Ausgewachsene Exemplare erreichen eine Größe von 5 bis 7 cm und weisen dann voll entwickelte Flügel auf. Gefriergetrocknete Speise-Heuschrecken haben einen Proteingehalt von fast 50 %, was dem Eiweißgehalt von Rindfleisch entspricht.

*Zubereitung:*
Heuschrecken schmecken sehr gut frittiert oder geröstet und eignen sich durch ihren leicht nussigen Geschmack auch gut zum Karamellisieren. Vor dem Verzehr sollten die Hinterbeine der Tiere, die über kleine Widerhaken verfügen, und die Flügel entfernt werden.

*Klassischer Snack:* Beine und Flügel der Heuschrecken entfernen. Öl in einer Pfanne erhitzen und die Heuschrecken einige Minuten darin frittieren. Auf Küchenpapier abtropfen lassen, mit Salz und Paprika, Chili oder Curry würzen.

# Grillen

Die in Europa für den Verzehr gezüchtete Speisegrille ist die Acheta domesticus, auch Heimchen genannt. Die Tiere werden 16–20 mm groß und sind grau-braun bis schwarz gefärbt. Ausgewachsen sind die Grillen voll beflügelt, die Weibchen haben eine lange, dünne Legeröhre zur Eiablage. Die lichtscheuen Insekten stammen ursprünglich aus Afrika, sind mittlerweile aber weltweit verbreitet. Paarungsbereite Männchen erzeugen mit ihren Flügeln lautes Zirpen, das einige Stunden andauern kann. Speisegrillen sind wahre Proteinpakete und weisen gefriergetrocknet einen Eiweißanteil von ca. 70 % auf.

*Zubereitung:*
Frittiert erinnert der Geschmack von Grillen an knusprige Hähnchenhaut und ist vor allem als Snack, mit Salz, Chili- und Paprikapulver gewürzt, sehr beliebt.
*Würziger Snack:* Etwas Öl mit 2 Knoblauchzehen in einer Pfanne erhitzen, Knoblauch entfernen, die Grillen im Öl kurz anbraten. Mit Meersalz, Pfeffer oder Chili und Kräutern würzen.

# Mehlwürmer

Der Mehlwurm (Tenebrio molitor) ist die Larve des Mehlkäfers und gehört zur Familie der Schwarzkäfer. Er erreicht eine Länge von bis zu 30 mm und ist anfangs leicht gelblich gefärbt. Die Färbung wird mit zunehmendem Alter der Larven dunkler und geht dann ins Bräunliche über, wobei sich die einzelnen Segmente an den Rändern dunkel färben. Mehlkäfer kommen in der Natur in Vogelnestern oder Totholz vor, man findet sie oftmals auch als ungebetene Gäste in Getreidespeichern, Bäckereien oder Vorratskammern.

*Zubereitung:*
Gefriergetrocknete Speisemehlwürmer lassen sich auch sehr gut ohne Zugabe von Fett in einer Pfanne rösten. Durch Marinieren oder die Zugabe von Flüssigkeit erreichen die Insekten nahezu ihr ursprüngliches Gewicht, das annähernd dem Dreifachen des Trockengewichtes entspricht.
*Feiner Snack:* Erdnussöl in einer Pfanne erhitzen. Mehlwürmer darin goldgelb anrösten. In eine Schüssel geben, mit Meersalz würzen und vorsichtig vermischen. Auf Backpapier auskühlen lassen.

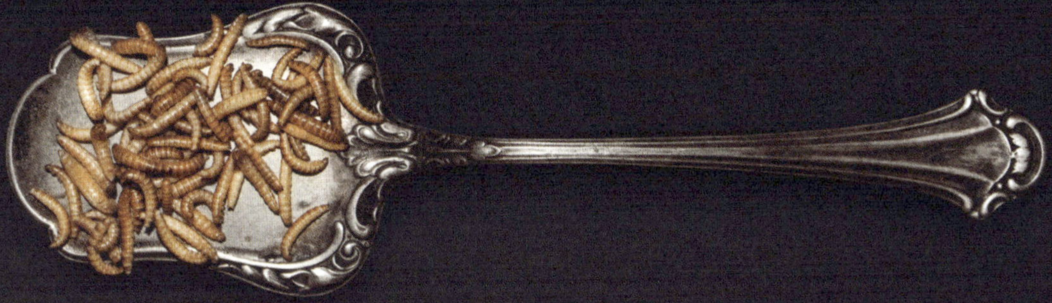

# Buffalowürmer

Der Buffalowurm (Alphitobius diaperinus) ist die Larve des Getreideschimmelkäfers und ähnelt in Form und Farbgebung dem Mehlwurm, wird aber nur bis zu 15 mm lang. Da der Buffalowurm auf Wärme und hohe Luftfeuchtigkeit angewiesen ist, kann er sich bei Temperaturen unter 10 °C nicht entwickeln. Daher findet man ihn in Deutschland vor allem in Getreidemühlen oder Geflügelfarmen, wo die Käfer und ihre Larven entsprechende Temperaturen vorfinden.

*Zubereitung:*
Als Speise-Insekt ist der kleine Buffalowurm wegen seines nussigen Geschmacks beliebt, der durch vorheriges Anrösten noch verstärkt wird. Er eignet sich besonders als knuspriges Topping für Salate oder Desserts und schmeckt auch in Kombination mit heller oder dunkler Kuvertüre sehr gut.
*Süßer Knusper-Snack:* Zucker in einer Pfanne karamellisieren lassen, Buffalos dazugeben und verrühren. Danach dünn auf Backpapier verteilen und aushärten lassen.

# HEUSCHRECKEN

Energie: 559 kcal
Kohlenhydrate: 1,1 g (davon Zucker: 0*g)
Ballaststoffe: 8,4 g
Protein: 48,2 g
Salz: 0,43*g
Fette: 38,1 g
(davon gesättigte Fettsäuren: 13,1 g,
einfach ungesättigte Fettsäuren: 13,0 g,
mehrfach ungesättigte Fettsäuren: 11,9 g)
*kein exakter Wert

# MEHLWÜRMER

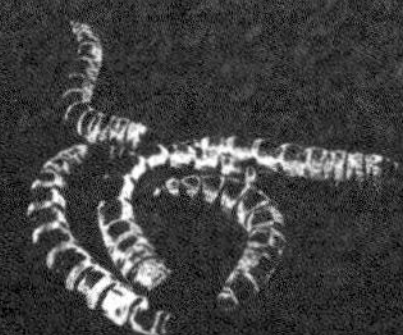

Energie: 550 kcal
Kohlenhydrate: 5,4 g (davon Zucker: 0*g)
Ballaststoffe: 6,5 g
Protein: 45,1 g
Salz: 0,37 g
Fette: 37,2 g
(davon gesättigte Fettsäuren: 9,0 g,
einfach ungesättigte Fettsäuren: 17,3 g,
mehrfach ungesättigte Fettsäuren: 10,9 g)
*kein exakter Wert

# GRILLEN

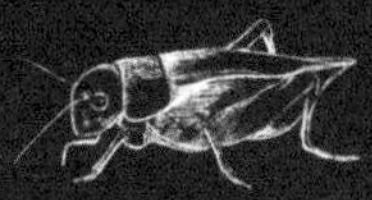

Energie: 458 kcal
Kohlenhydrate: 0,0 g (davon Zucker: 0*g)
Ballaststoffe: 7,7 g
Protein: 69,1 g
Salz: 1,03*g
Fette: 18,5 g
(davon gesättigte Fettsäuren: 7,0 g,
einfach ungesättigte Fettsäuren: 5,3 g,
mehrfach ungesättigte Fettsäuren: 6,4 g)
*kein exakter Wert

# BUFFALOWÜRMER

Energie: 484 kcal
Kohlenhydrate: 6,7 g (davon Zucker: 0*g)
Ballaststoffe: 5,2 g
Protein: 56,2 g
Salz: 0,38 g
Fette: 24,7 g
(davon gesättigte Fettsäuren: 8,0 g,
einfach ungesättigte Fettsäuren: 9,5 g,
mehrfach ungesättigte Fettsäuren: 7,0 g)
*kein exakter Wert

Die Nährwertangaben beziehen sich jeweils auf 100 g gefriergetrocknete Insekten

# INSEKTEN GETROCKNET ODER FRISCH

*Gefriergetrocknete Insekten*
Für die Rezepte in diesem Buch haben wir ausschließlich gefriergetrocknete Speise-Insekten verwendet. Sie werden in speziellen europäischen Zuchtfarmen extra für den menschlichen Verzehr gezüchtet und durch nahezu vollständigen Flüssigkeitsentzug schonend konserviert. Sie sind ohne spezielle Kühlung bis zu 12 Monate haltbar, ohne Konservierungsstoffe oder sonstige Zusätze zu enthalten.

Gefriergetrocknete Insekten lassen sich gut portionieren und rösten, backen oder frittieren, genauso wie frische Insekten. Durch Marinieren oder die Zubereitung mit Flüssigkeit nehmen sie wieder Feuchtigkeit auf und erreichen nahezu ihr ursprüngliches Gewicht. Gefriergetrocknete Speise-Insekten können über das Internet und auch schon in einigen ausgesuchten Feinkostläden bezogen werden. Auch in gut sortierten Outdoor-Geschäften findet man mittlerweile verschiedene Insektenprodukte zum Kochen.

*Frische Insekten*
Alle im Buch vorgestellten Rezepte können natürlich auch mit frischen Insekten zubereitet werden. Kalkulieren Sie in diesem Fall bei der Zutatenmenge das Dreifache des angegebenen Trockengewichts ein. Zurzeit sind in Deutschland allerdings noch keine frischen Insekten erhältlich, die speziell für den

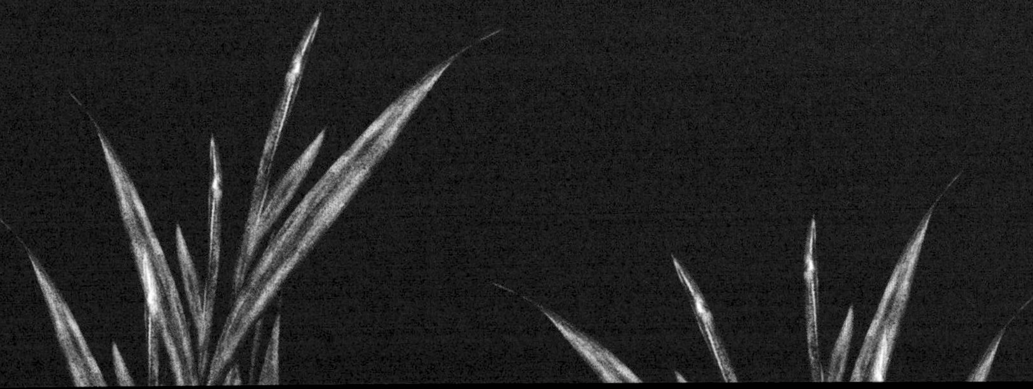

Verzehr deklariert sind. Wer damit kochen möchte, hat daher zwei Möglichkeiten: Entweder man züchtet sie selbst oder man greift zurück auf Futter-Insekten aus der Zoohandlung, wo man ein vielfältiges Angebot an lebenden Insekten findet, beispielsweise für die Fütterung von Reptilien. Hier werden Heuschrecken, Grillen und Mehlwürmer in kleinen Kunststoffboxen angeboten.

Wichtig ist in jedem Fall die Herkunft der Tiere. Erkundigen Sie sich beim Verkäufer und gegebenenfalls beim Produzenten der Insekten nach Aufzucht, Fütterung und Haltung der Tiere. Achten Sie auch darauf, dass Sie frische Insekten kaufen und keine kranken oder gar toten Tiere in der Box sind. Insekten selber auf Feld und Wiese einzufangen, ist nicht empfehlenswert.

*Insekten selber züchten*
Wer Insekten für den eigenen Verzehr selbst züchten möchte, sollte am besten mit der Mehlwurmzucht beginnen. Der Platzbedarf ist minimal und bereits nach wenigen Monaten hat man die ersten selbst gezüchteten Exemplare. Und man hat auch die Gewissheit, dass die Tiere mit frischer und gesunder Nahrung versorgt und aufgezogen werden. Informationen und Zuchtanleitungen für Mehlwurm, Grille und Co. findet man im Zoofachhandel oder im Internet.

*Frische Insekten zubereiten*
Lebendige Insekten müssen vor dem Kochen abgetötet und gesäubert werden. Dafür stellt man sie etwa 1 Stunde in den Kühlschrank und friert sie anschließend mindestens 24 Stunden ein. Insekten fallen bei kalten Temperaturen in eine natürliche Kältestarre. Wird die Temperatur dann weiter gesenkt, erwachen sie nicht mehr aus ihrem „Winterschlaf“. Das Kühlen und Einfrieren ist also eine sanfte und tiergerechte Methode, um Insekten zu töten.

Vor der Zubereitung werden die Insekten kurz in warmem Wasser gewaschen. Danach kann man sie, ebenso wie gefriergetrocknete Speise-Insekten, frittieren, rösten, kochen oder backen. Da sie Flüssigkeit enthalten, ist die Garzeit allerdings etwas länger als bei getrockneten Produkten.

*Bon Appétit*

# INSEKTEN IN DER GASTRONOMIE

Insekten sind mehr als ein exotischer Eyecatcher auf der Speisekarte, sie haben durchaus das Potenzial, einen neuen gastronomischen Trend auszulösen. Denn sie lassen sich so vielseitig zubereiten, dass sie sowohl als rustikaler Snack wie auch als feines Menü eine kulinarische Alternative bieten können.

*Neue Geschmackserlebnisse*
Gourmetköche experimentieren schon seit einiger Zeit mit Heuschrecken, Würmern und Co. Nicht nur in New York sind Insekten zum neuen Trendessen avanciert, auch in Europa findet man Insekten bereits in einigen Restaurants.
Im berühmten Kopenhagener „Noma" stehen Heuschrecken und Ameisen auf der Speisekarte. In London kann man Insekten unter anderem im Restaurant „Archipelago" probieren, das neben exotischen Spezialitäten wie Zebra und Krokodil auch Mehlwurm-Kaviar im Angebot hat.
In Nizza bietet Sternekoch David Faure in seinem Restaurant „Aphrodite" ein Insekten-Menü an. Faure, der von Geschmack und Nachhaltigkeit der Speise-Insekten überzeugt ist, will mit Kreationen wie „Whiskykugeln mit Grillen" oder „Mehlwürmer an Karottenschaum" ein Bewusstsein dafür schaffen, dass die Krabbeltiere eine Ernährungs-Alternative bieten und neue Geschmackswelten eröffnen.

In England gibt es seit 2014 für Insekten-Genießer sogar den weltweit ersten Weinführer („First insect and wine matching guide"). So wird zu krossen Mehlwürmern beispielsweise ein „Clare Valley Viognier" empfohlen, ein „rich robust wine with loads of sweet fruits" zu Heuschrecken in Schokolade und zu Grillen ein „rich full-bodied white Albarino".

*Insekten für Genießer*
Auch in Deutschland werden Insekten schon in der Gastronomie angeboten, zum Beispiel bei „Mongo's", der asiatischen Restaurantkette mit Filialen in diversen Großstädten wie Hamburg, Köln und München. Aufgrund der guten Resonanz der Gäste ergänzen hier seit 2013 Heuschrecke, Grille und Mehlwurm das Fleisch- und Gemüseangebot des „Mongolian Barbecue", werden als Vorspeise mit Whisky-BBQ-Dip und als süßer Heuschrecken-Brownie zum Dessert angeboten.
Für Dennis Floßdorf, den Marketingleiter von Mongo's, ist diese Entwicklung doch etwas überraschend. Unter den meist jüngeren Gästen seien keineswegs nur Dschungelcamp-Fans, die eine Art Mutprobe suchen, sondern auch viele Asien-Urlauber, die Insekten bereits probiert haben. Und dann gäbe es natürlich auch die sehr umweltbewussten Konsumenten.

Küchendirektor Marcus Langsdorf ist nicht nur ein Experte der asiatischen Küche, die er auf vielen Reisen für sich entdeckte und weiterentwickelte. Auch mit Insekten konnte er bereits früh Erfahrungen sammeln, da er einen Teil seiner Kindheit in Kenia verbrachte. Er erinnert sich nicht nur an geröstete Ameisen, sondern auch daran, die sogenannten „sausage flies" („Wurstfliegen" wegen ihres wurstähnlichen dicken Hinterleibs) einfach so probiert zu haben – um herauszufinden, ob an dem Namen was dran sei.

# Thai Beef Satay mit gerösteten *Mehlwürmern*

*Für 4 Portionen • Zeitbedarf: 35 Minuten*

600 g Rinderhüfte
je 80 g rote Zwiebeln, Paprikaschoten, grüne Bohnen, Möhren und Bambussprossen
je 40 g Cashewkerne und Frühlingszwiebeln
50 ml Öl, 30 g gefriergetr. Mehlwürmer
10 g gehackter Koriander
10 g brauner Zucker
4 Bananenblätter
4 Zweige Minze, 40 g Sojasprossen

*Für die Sauce:*
110 g Erdnusspaste, 50 ml Ketchup
15 g Ketjap Manis, 10 g Sambal Oelek
60 g Honig, 5 g Knoblauchpüree
je 25 ml Zitronensaft und Mushroom Flavored Soy Sauce
10 g Salz, 30 ml kochendes Wasser

Für die Sauce alle Zutaten in ein hohes Gefäß geben, das kochende Wasser zugießen und alles mit einem Pürierstab fein mixen.

Das Rindfleisch in dünne 4 cm lange Streifen schneiden. Zwiebeln schälen und halbieren, Paprika putzen, beides in dünne Streifen schneiden. Grüne Bohnen 5 Minuten in kochendem Salzwasser blanchieren, mit eiskaltem Wasser abschrecken. Karotten schälen, halbieren und in feine Scheiben schneiden. Frühlingszwiebeln waschen und in feine Ringe schneiden.

Das Fleisch in einer großen Pfanne mit wenig Öl bei starker Hitze portionsweise kurz scharf anbraten und beiseitestellen. Das Gemüse kurz und bissfest anbraten. Das Fleisch zugeben, mit Sauce (Menge nach Belieben) übergießen und 1 Minute weiterbraten. Cashewnüsse und Frühlingszwiebeln zugeben.

Die Mehlwürmer in einer Pfanne mit wenig Öl bei mittlerer Hitze einige Minuten goldgelb rösten, den gehackten Koriander zugeben, zum Schluss den braunen Zucker, alles gut vermengen.

Das Beef Satay auf einem Bananenblatt anrichten, die Mehlwürmer darüber verteilen, mit Minze und Sojasprossen garnieren. Mit Reis (Jasmin-Reis und roter Thai-Reis gemischt) servieren.

Mongo`s
Insekten-Special

# BON APPETIT

2 MILLIARDEN MENSCHEN ESSEN INSEKTEN

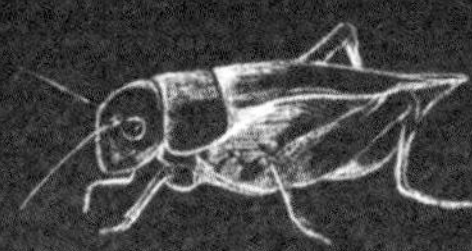

4

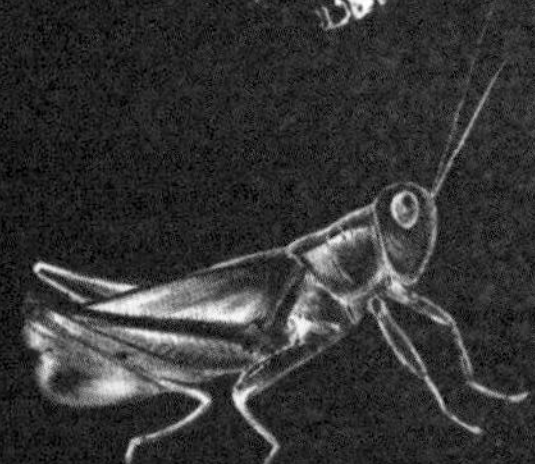

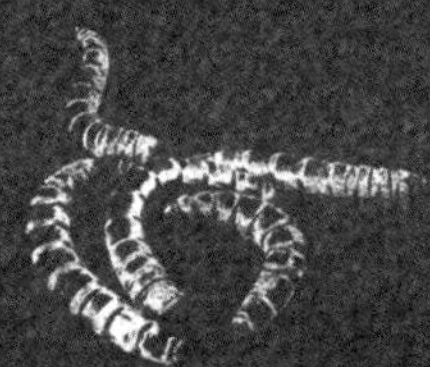

# INSEKTENSPEZIALITÄTEN

ENJOY!

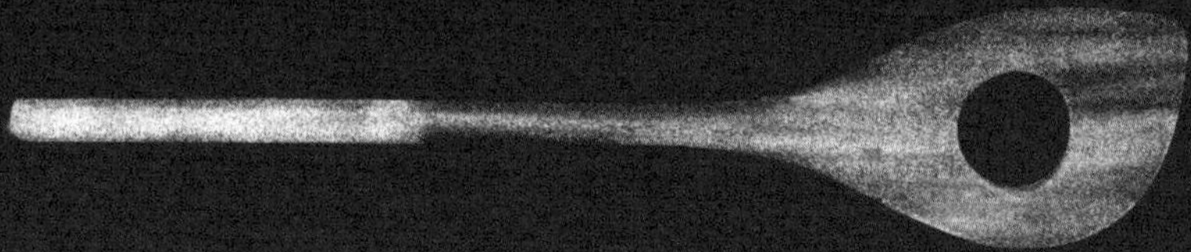

# NICHT SCHRECKEN, SONDERN SCHMECKEN LASSEN.

## HUNGER?

*Enjoy your meal*
*buon appetito*
*eet smakelijk*
*buen provecho*
*dobrou chuť*
*smaklig måltid*

# VORSPEISEN

## *Für den kleinen Hunger*

Ob als Süppchen, auf Salatbett oder als würziger Brotaufstrich: Hier haben Grillen, Heuschrecken und Würmer ihren großen Auftritt als kleine Mahlzeit oder als Auftakt zu einem Menü.

# Geröstete Buffalowürmer auf *Wildkräuterbett*

*Für 4 Portionen • Zeitbedarf: 15 Minuten*

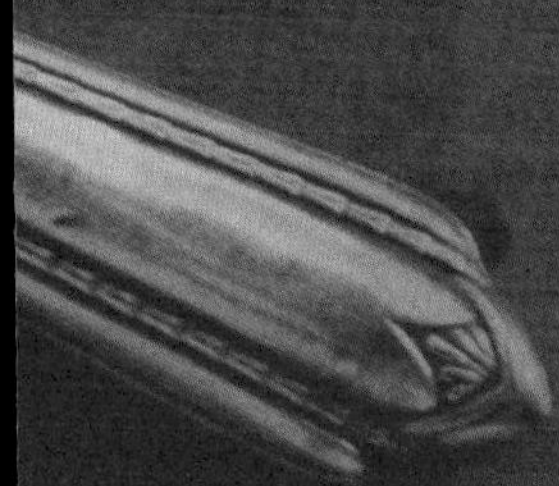

*Für den Salat:*
10 g gefriergetr. Buffalowürmer
50 g Feldsalat
50 g Wildkräuter
50 g junger Spinat
1 Apfel
1 Karotte
5 Radieschen
1 Handvoll Radieschensprossen

*Für das Dressing:*
3 EL Feigenessig
1 TL Senf
1 TL Akazienhonig
2 Frühlingszwiebeln
Meersalz, Pfeffer aus der Mühle
4 EL Öl

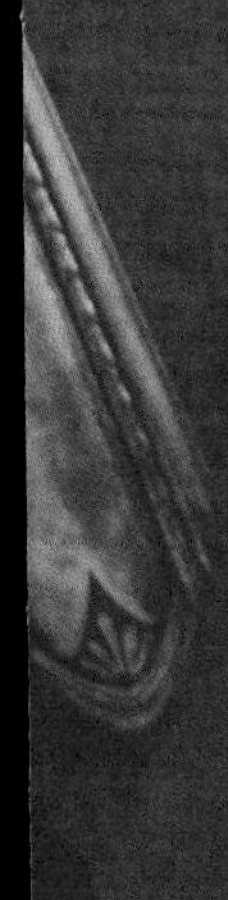

Die Buffalowürmer in einer Pfanne ohne Fett kurz anrösten, bis sie leicht glänzen. Die gerösteten Würmer in eine Schale geben und abkühlen lassen.

Feldsalat, Wildkräuter und Spinat gründlich waschen und abtropfen lassen. Apfel und Karotte waschen und raspeln, die Radieschen waschen und in dünne Scheiben schneiden. Radieschensprossen und alle vorbereiteten Salatzutaten in eine Schüssel geben und vorsichtig vermengen.

Für das Dressing Essig, Senf und Honig in ein großes Glas geben. Frühlingszwiebeln putzen, waschen, in feine Streifen schneiden und dazugeben. Mit Salz und Pfeffer würzen, mit dem Öl vermengen und noch mal abschmecken.

Das Dressing über den Salat geben, gut vermischen und anrichten. Die gerösteten Buffalowürmer darüberstreuen und servieren.

# Couscous-Salat mit *gerösteten Grillen*

*Für 4 Portionen • Zeitbedarf: 20 Minuten*

*Für den Salat:*
250 ml Wasser
Salz
250 g Couscous
10 gelbe Cocktailtomaten
2 TL Olivenöl
Pfeffer aus der Mühle
1 Knoblauchzehe
20 g gefriergetr. Grillen
2 TL Sonnenblumenkerne
1 EL Butter

*Für das Dressing:*
250 g Naturjoghurt
3 EL Fenchelhonig
1 TL gem. Kreuzkümmel
1 TL Olivenöl
Salz, Pfeffer aus der Mühle

Das Wasser in einem Topf zum Kochen bringen und salzen. Den Topf vom Herd nehmen, den Couscous zugeben und 5 Minuten quellen lassen, dabei mehrmals durchrühren.

Die Tomaten waschen. 1 TL Olivenöl in einer Pfanne erhitzen, die Tomaten darin schwenken, mit Salz und Pfeffer würzen.

Die Knoblauchzehe abziehen und fein hacken. 1 TL Olivenöl in einer hohen Pfanne erhitzen, Knoblauch, Grillen und Sonnenblumenkerne kurz darin anrösten. Die Butter zugeben und zerlassen. Den Couscous hinzufügen und alles gut vermengen. In einer Schale anrichten, mit den geschmolzenen Tomaten garnieren.

Für das Dressing Joghurt, Honig, Kreuzkümmel und Olivenöl in einer Schüssel verrühren, mit Salz und Pfeffer würzen. Das Dressing über den Couscous-Salat träufeln und servieren.

12
3
6
9
| CLOCK COUTURE |

Tee

# Kokos-Süppchen mit Heuschrecken-Spießen

*Für 4 Portionen • Zeitbedarf: 30 Minuten*

40 große gefriergetr. Heuschrecken
8 dünne Holz- oder Metallspieße
1 rote Zwiebel
½ Bund Koriander
4 EL Butter
200 ml Weißwein
400 ml Fischfond
400 ml Kokosmilch
2 EL Curry
1 Stück Ingwer
1 Prise Salz
1 Prise Pfeffer
1 rote Chilischote
1 Bund Lauchzwiebeln

Die Sprungbeine und Flügel der Heuschrecken entfernen. Die Heuschrecken vorsichtig auf 8 Spieße stecken.

Die Zwiebel schälen und fein würfeln. Den Koriander hacken. 2 EL Butter in einem Topf zerlassen, Zwiebelwürfel und Koriander darin andünsten. Mit Weißwein, Fischfond und Kokosmilch ablöschen, gut verrühren und kurz aufkochen lassen. Die Suppe mit dem Mixstab pürieren und mit Currypulver würzen. Ingwer schälen, fein reiben und dazugeben, mit Salz und Pfeffer abschmecken.

Die Chilischote waschen und entkernen, die Lauchzwiebeln putzen. Beides in dünne Streifen schneiden und in die Suppe geben. Nochmals aufkochen lassen und eventuell nachwürzen.

Die Heuschrecken-Spieße in einer Pfanne in der restlichen Butter von beiden Seiten kurz anbraten und mit Salz würzen. Die Kokossuppe in Tassen füllen und mit den Spießen garnieren.

# Weißbrot mit würziger Insekten-Paste

*Für 4 Portionen*
*Zeitbedarf: 20 Minuten + 30 Minuten gehen + 45 Minuten backen*

*Für das Brot:*
500 g Weizenmehl
je 1 TL Zucker und Salz
1 Würfel Hefe
300 ml Milch
50 g Butter

*Für die Paste:*
je 50 g Walnüsse und Pinienkerne
10 g gefriergetr. Heuschrecken
10 g gefriergetr. Mehlwürmer
10 g gefriergetr. Grillen
2 Knoblauchzehen
100 g Parmesan am Stück
1 EL scharfer Senf
100 ml Olivenöl
Salz, Pfeffer aus der Mühle

Mehl, Zucker und Salz in eine Schüssel geben, die zerbröckelte Hefe dazugeben. Die Milch mit 40 g Butter in einem Topf leicht erwärmen und ebenfalls in die Schüssel geben. Alle Zutaten mit den Knethaken eines Handrührgerätes zu einem elastischen, glänzenden Teig verarbeiten. Mit einem Tuch abdecken und an einem warmen Ort ca. 20 Minuten gehen lassen. Danach nochmals kurz durchkneten.

Eine Kastenform mit der restlichen Butter einfetten. Den Teig in die Form geben, noch mal ca. 10 Minuten gehen lassen. Den Backofen auf 200 °C (Umluft 180 °C) vorheizen. Das Brot in ca. 45 Minuten goldbraun backen.

Für die Paste Walnüsse und Pinienkerne in einer Pfanne kurz ohne Fett anrösten und in ein hohes Gefäß geben. Sprungbeine und Flügel der Heuschrecken entfernen. Heuschrecken, Grillen und Mehlwürmer ebenfalls kurz anrösten. Die Knoblauchzehen schälen, den Parmesan grob zerkleinern. Beides zusammen mit dem Senf zu den Nüssen und Kernen geben. Die angerösteten Insekten dazugeben und alle Zutaten fein pürieren. Nach und nach das Öl zugeben, bis eine geschmeidige Paste entsteht. Mit Salz und Pfeffer abschmecken.

Das frisch gebackene Brot in Scheiben schneiden und mit der Insekten-Paste servieren.

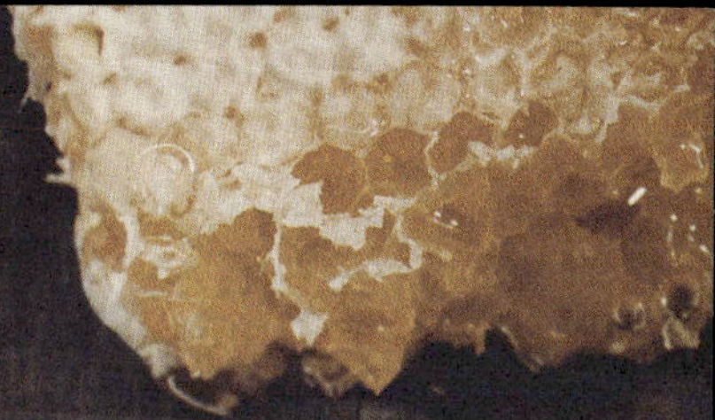

# Ziegenkäse mit Mandeln und karamellisierten *Mehlwürmern*

*Für 4 Portionen • Zeitbedarf: 20 Minuten + 20 Minuten backen*

2 Äpfel
1 Chilischote
2 EL weißer Balsamico-Essig
3 EL unraffinierter Rohrzucker
Salz, Pfeffer aus der Mühle
1 Zweig Rosmarin
1 EL Akazienhonig
100 g Ziegenkäserolle
20 g gefriergetr. Mehlwürmer
50 g Mandelstifte

Die Äpfel schälen und in Spalten schneiden. Die Chilischote halbieren und entkernen. Balsamico-Essig mit 1 EL Rohrzucker in einem Topf zum Köcheln bringen, Apfelspalten und Chili dazugeben. Die Hitze reduzieren und die Äpfel weich garen. Die Apfelspalten auf einem Teller anrichten, mit Salz und Pfeffer würzen.

Den Backofen auf 170 °C (Umluft 150 °C) vorheizen. Den Rosmarinzweig waschen, trocken schütteln, die Nadeln abzupfen und klein schneiden. Mit dem Akazienhonig vermengen. Den Ziegenkäse in 4 Scheiben schneiden, auf ein mit Backpapier ausgelegtes Blech legen und mit dem Rosmarin-Honig bestreichen. Im vorgeheizten Ofen ca. 10 Minuten backen. Danach auf den Apfelspalten anrichten.

Den restlichen Zucker in einer Pfanne karamellisieren. Sobald er flüssig geworden ist, Mandelstifte und Mehlwürmer dazugeben, kurz verrühren. Den flüssigen Karamell über den Ziegenkäse und die Apfelspalten geben und servieren.

# Frittierte Heuschrecken mit Limetten-Dip

*Für 4 Portionen • Zeitbedarf: 20 Minuten*

*Für die Mayonnaise:*
2 ganz frische Eigelb
1 EL mittelscharfer Senf
150 ml Rapsöl
abger. Schale von 1 Bio-Zitrone
Salz
Zucker
Cayennepfeffer
ca. 2 EL Limettensaft

*Für die frittierten Heuschrecken:*
4 EL Sesamöl
40–50 gefriergetr. Heuschrecken
1 TL Chilipulver
1 Prise Salz

Die Eigelbe und den Senf (alle Zutaten sollten Zimmertemperatur haben, damit die Mayonnaise nicht gerinnt) in ein hohes Gefäß geben und mit dem Stabmixer aufschlagen. Nach und nach in feinem Strahl das Öl zugeben und unterrühren, bis eine cremige Mayonnaise entstanden ist. Die abgeriebene Zitronenschale dazugeben, mit Salz, Zucker, Cayennepfeffer und Limettensaft abschmecken. Den Dip in eine kleine Schale füllen.

Das Sesamöl in einer Pfanne erhitzen. Die Heuschrecken darin kurz frittieren und anschließend auf Küchenpapier abtropfen lassen.

Die frittierten Heuschrecken mit Chilipulver bestäuben und mit Salz abschmecken. Noch warm mit dem Mayonnaise-Dip servieren. Frisches Brot dazu reichen.

# Heuschrecken-Grillen-Spieße nach *thailändischer Art*

*Für 4 Portionen • Zeitbedarf: 20 Minuten*

2 Knoblauchzehen
½ kleine rote Zwiebel
4 rote Chilischoten
1 Zweig Minze
1 Zweig Koriander
2 EL Fischsauce
3 EL Limettensaft
1 Stück Ingwer
2 EL Rohrohrzucker
Salz, Pfeffer aus der Mühle
25 große gefriergetr. Heuschrecken
25 große gefriergetr. Grillen
12 kleine Metallspieße
3 EL Öl

Knoblauch und Zwiebel schälen, fein würfeln und in eine Schüssel geben. 2 Chilischoten waschen, entstielen und in feine Würfel schneiden. Minze und Koriander waschen, trocken schütteln, fein hacken und mit den Chiliwürfeln in die Schüssel geben. Fischsauce, 2 EL Limettensaft, fein geriebenen Ingwer und Zucker dazugeben und alles gut verrühren. Mit Salz und Pfeffer abschmecken.

Die restlichen Chilischoten waschen, entstielen und in breite Streifen schneiden. Die Sprungbeine und Flügel der Heuschrecken entfernen. Heuschrecken, Grillen und Chiliringe vorsichtig auf die Spieße stecken.

Das Öl in einer Pfanne erhitzen, die Spieße darin von beiden Seiten kurz anrösten. Mit Limettensaft, Salz und Pfeffer abschmecken. Die Spieße mit dem Dip servieren. Frisches Brot dazu reichen.

# Röstbrot mit *Heuschrecken*

*Für 4 Portionen • Zeitbedarf: 15 Minuten*

8 große gefriergetr. Heuschrecken
3 EL Olivenöl
1 kleine grüne Paprikaschote
1 kleine gelbe Paprikaschote
2 reife Tomaten
1 Zwiebel
Salz
Pfeffer aus der Mühle
8 dünne Scheiben Weißbrot
2 Knoblauchzehen

Die Sprungbeine und Flügel der Heuschrecken entfernen. 2 EL Olivenöl in einer Pfanne erhitzen und die Heuschrecken darin frittieren.

Die Paprikaschoten und Tomaten waschen und entkernen. Die Paprikaschoten und 1 Tomate in feine Würfel schneiden. Die Zwiebel schälen und ebenfalls fein würfeln. Alle gewürfelten Zutaten in einer Schüssel mit 1 EL Olivenöl marinieren, mit Salz und Pfeffer abschmecken.

Das Weißbrot in dünne Scheiben schneiden und halbieren. Im Toaster oder in einer Pfanne ohne Fett kross rösten. Die Knoblauchzehen schälen, halbieren und das getoastete Brot damit einreiben.

Das Fruchtfleisch der zweiten Tomate zerdrücken, 8 Knoblauchbrote damit bestreichen. Die Paprika-Tomaten-Würfel darauf verteilen, jeweils mit 1 Brotscheibe bedecken. Mit den frittierten Heuschrecken anrichten, mit Salz und Pfeffer würzen, mit einigen Tropfen Olivenöl beträufeln.

# Hopper-Nachos mit Guacamole

*Für 4 Portionen • Zeitbedarf: 30 Minuten*

2 reife Avocados
Saft von ½ Limette
1 kleine rote Zwiebel
1 Knoblauchzehe
1 grüne Chilischote
3 reife Tomaten
Salz, Pfeffer aus der Mühle
1 rote Chilischote
1 grüne Paprikaschote
2 Frühlingszwiebeln
3 EL Olivenöl
20 g gefriergetr. Heuschrecken
3 EL Erdnussöl
1 kleine Tüte Nacho-Chips (50 g)

Die Avocados halbieren, entkernen, das Fruchtfleisch mit einem Löffel aus der Schale heben, in eine Schüssel geben und mit einer Gabel zerdrücken. Mit Limettensaft beträufeln, damit es nicht braun wird.

Zwiebel und Knoblauch schälen und sehr fein hacken. Die grüne Chilischote längs aufschneiden, Kerne und Stiel entfernen, die Schote waschen und fein hacken. Die Tomaten 1 Minute in kochendes Wasser legen, kalt abschrecken, enthäuten und in kleine Würfelchen schneiden. Alles unter das Avocado-Püree mischen, mit Salz und Pfeffer abschmecken und kühl stellen.

Rote Chilischote und Paprikaschote waschen, putzen, entkernen, fein würfeln und in eine Schüssel geben. Die Frühlingszwiebeln putzen, in dünne Scheiben schneiden und dazugeben. Mit Olivenöl marinieren, mit Salz und Pfeffer abschmecken.

Sprungbeine und Flügel der Heuschrecken entfernen. Erdnussöl in einer Pfanne erhitzen und die Heuschrecken darin frittieren.

Die Nacho-Chips auf einem Teller verteilen, mit den Heuschrecken und den Gemüsewürfeln anrichten und mit der Guacamole servieren.

# HAUPTSPEISEN

## *Für den großen Hunger*

Mit Gemüse, Reis oder Pasta lassen sich Insekten zu kreativen Gerichten kombinieren, die eine schmackhafte Alternative zu Fleisch- und Fischgerichten sind.

# Tagliatelle mit Grillen-Pesto

*Für 4 Portionen • Zeitbedarf: 25 Minuten*

75 g Walnüsse
75 g Cashewkerne
100 g Parmesan am Stück
1 Knoblauchzehe
100 ml Olivenöl
Salz, Pfeffer aus der Mühle
500 g Tagliatelle
150 g Cocktailtomaten
30 g gefriergetr. Grillen
½ Bund Basilikum

Für das Pesto Walnüsse, Cashewkerne, Parmesan, Knoblauch und etwas Olivenöl in einer Küchenmaschine oder im Mörser zerkleinern. Nach und nach Olivenöl dazugeben, bis eine cremige Paste entsteht. Mit Salz und Pfeffer abschmecken.

Die Tagliatelle in reichlich Salzwasser nach Packungsanleitung al dente kochen.

In der Zwischenzeit etwas Olivenöl in einer hohen Pfanne erhitzen. Die Cocktailtomaten halbieren, mit der Schnittfläche nach unten einige Minuten darin schmoren. Die Grillen dazugeben und mit den Tomaten verrühren.

Die Tagliatelle abgießen, zusammen mit dem Pesto zu den Tomaten und Grillen in die Pfanne geben. Basilikumblätter waschen, klein zupfen und dazugeben. Alles gut miteinander vermengen, kurz ziehen lassen und servieren.

# Geröstete Heuschrecken auf Tomaten-Risotto

*Für 4 Portionen • Zeitbedarf: 35 Minuten*

30 g gefriergetr. Heuschrecken
6 EL Olivenöl
4 Knoblauchzehen
4 Frühlingszwiebeln
300 g Risottoreis
150 ml Weißwein
450 ml Gemüsebrühe
1 EL Butter
50 g geriebener Parmesan
50 ml Sahne
Salz, Pfeffer aus der Mühle
3 große Rispentomaten
1 Handvoll getrocknete Tomaten
1 kleines Bund Basilikum

Die Flügel und Sprungbeine der Heuschrecken entfernen. 4 EL Olivenöl in einer Pfanne erhitzen, 2 Knoblauchzehen schälen, halbieren und in das heiße Öl geben. Die Heuschrecken dazugeben und unter mehrmaligem Wenden kurz frittieren. Herausnehmen und bereitstellen.

Die restlichen Knoblauchzehen schälen und fein schneiden. Frühlingszwiebeln putzen und in Streifen schneiden. 2 EL Olivenöl in einem Topf erhitzen, Knoblauch und Frühlingszwiebeln darin andünsten. Den Reis dazugeben und unter Rühren bei schwacher Hitze kurz mitdünsten. Mit Weißwein ablöschen, die Hälfte der Gemüsebrühe dazugießen und 20 Minuten köcheln lassen. Nach und nach die restliche Brühe dazugeben, bis das Risotto eine cremige Konsistenz hat. Dann Butter und Parmesan hinzufügen und gut verrühren. Die Sahne unterrühren, mit Salz und Pfeffer abschmecken.

Die Rispentomaten mit kochendem Wasser übergießen und kalt abschrecken. Die Haut abziehen, die Kerne entfernen und das Fruchtfleisch würfeln. Die getrockneten Tomaten ein paar Minuten in warmem Wasser einweichen, dann ebenfalls würfeln. Basilikumblätter waschen und klein zupfen.

Tomatenwürfel und Basilikum unter das Risotto heben, mit den frittierten Heuschrecken garnieren und anrichten.

# Grillen auf *Blätterteig*

*Für 4 Portionen • Zeitbedarf: 25 Minuten + 15 Minuten backen*

4 Knoblauchzehen
4 EL Olivenöl
20 g gefriergetr. Grillen
1 Packung Blätterteig (Kühlregal)
4 EL Crème fraîche
Salz, Pfeffer aus der Mühle
1 Msp. Chilipulver
4 Tomaten
1 TL getr. Oregano
1 Handvoll Basilikumblätter

Die Knoblauchzehen schälen und in Scheiben schneiden. 2 EL Olivenöl in einer Pfanne erhitzen, Knoblauch und Grillen darin anrösten und beiseitestellen.

Den Blätterteig entrollen, in kleine Quadrate schneiden und mit Abstand auf ein mit Backpapier ausgelegtes Blech setzen. Den Backofen auf 200 °C (Umluft 180 °C) vorheizen.

Die Crème fraîche mit dem restlichem Olivenöl, Salz, Pfeffer und Chilipulver verrühren, den Teig damit bestreichen. Die Tomaten in Scheiben schneiden, darauflegen und mit Oregano bestreuen. Zum Schluss die Grillen und den Knoblauch darüber verteilen.

Die Blätterteig-Quadrate im heißen Ofen ca. 10-15 Minuten backen. Herausnehmen und mit Basilikum garniert servieren.

# Insekten-Galette mit *Camembert*

*Für 4 Portionen • Zeitbedarf: 20 Minuten*

10 g gefriergetr. Buffalowürmer
10 g gefriergetr. Mehlwürmer
100 g Buchweizenmehl. 100 g Weizenmehl
4 Eier (Größe M)
100 ml Milch, 200 ml Wasser
1 Prise Salz, Zucker
30 g Butter
100 g Camembert
100 g Preiselbeeren aus dem Glas

Eine Pfanne erhitzen, Buffalo- und Mehlwürmer darin ohne Fett kurz anrösten. Sobald sie leicht gebräunt sind, die Pfanne vom Herd ziehen.

Beide Mehlartsorten, Eier, Milch und Wasser in eine Schüssel geben und zu einem glatten Teig verrühren. Mit Salz und Zucker abschmecken. Den Camembert in dünne Scheiben schneiden und bereitstellen. Den Backofen auf 180 °C (Umluft 160 °C) vorheizen.

Etwas Butter in einer heißen Pfanne zerlassen. Den Teig mit einer Kelle einfüllen und zu einem dünnen Pfannkuchen verstreichen. Auf den noch flüssigen Teig die gerösteten Insekten streuen und fertig backen. Aus dem Teig 8 Pfannkuchen zubereiten.

Den Camembert auf den fertigen Pfannkuchen verteilen, zusammenklappen, in eine feuerfeste Form geben und für ca. 5 Minuten in den Backofen schieben, bis der Käse geschmolzen ist. Die Insekten-Galettes mit Preiselbeeren garnieren und servieren.

# Mini-Burger mit Grillen

*Für ca. 14 Mini-Burger • Zeitbedarf: 30 Minuten + 90 Minuten ruhen + 15 Minuten backen*

*Für den Brötchenteig:*
5 g Trockenhefe
1 TL Akazienhonig
100 ml warmes Wasser
50 ml Milch, 25 g Butter, 1 Ei
350 g Mehl, 1 TL Salz,
1 Eigelb, 3 TL schwarze Sesamsamen

*Für den Belag:*
1 Handvoll Rucola
1 kleine Gurke
2 Tomaten
1 rote Zwiebel
2 EL Pflanzenöl
20 g gefriergetr. Grillen
Salz, Pfeffer aus der Mühle
BBQ-Sauce

Die Hefe in einer Rührschüssel mit dem Honig in lauwarmem Wasser auflösen. Die Milch mit Butter in einem Topf leicht erwärmen, mit dem Ei verrühren. Die Mischung mit der Hälfte des Mehls und Salz in die Rührschüssel geben und zu einem glatten Teig verkneten. Nach und nach das restliche Mehl unterkneten. Den fertigen Teig zugedeckt an einem warmen Ort ca. 1 Stunde gehen lassen.

Rucola, Gurke und Tomaten waschen, Zwiebel schälen. Tomaten, Gurke und Zwiebel in dünne Scheiben schneiden und bereitstellen. Das Öl in einer Pfanne erhitzen, die Grillen kurz darin frittieren und ebenfalls bereitstellen.

Den Backofen auf 170 °C (Umluft 150 °C) vorheizen und ein Backblech mit Backpapier auslegen. Den Teig nochmals durchkneten, zu kleinen glatten Kugeln formen und auf dem Backblech verteilen. Noch mal 30 Minuten gehen lassen. Dann mit verquirltem Eigelb bestreichen, mit Sesam bestreuen und im heißen Backofen ca. 10–15 Minuten goldbraun backen.

Die noch warmen Brötchen vorsichtig aufschneiden, mit Salat, Gemüse und Grillen belegen. Mit Salz und Pfeffer abschmecken und mit BBQ-Sauce servieren.

# Grillen-Röstgemüse *aus dem Ofen*

*Für 4 Portionen • Zeitbedarf: 30 Minuten + 30 Minuten marinieren + 30 Minuten backen*

6 Knoblauchzehen
6 EL Olivenöl
1 kleine rote Chilischote
50 g gefriergetr. Grillen
600 g festkochende Kartoffeln
3 kleine Zweige Rosmarin
200 g rote Zwiebeln
1 rote Paprikaschote
300 g Zucchini
250 g gelbe Rispentomaten
3 EL Tomatenmark
1 TL getr. Oregano
Salz, Pfeffer aus der Mühle

Den Knoblauch schälen, in Stücke schneiden und mit 3 EL Olivenöl in eine große Schüssel geben. Chilischote waschen, entkernen und in feine Ringe schneiden, mit den Grillen dazugeben, verrühren und ca. 30 Minuten ziehen lassen.

Die Kartoffeln waschen, mit Schale halbieren und in Salzwasser ca. 15 Minuten knapp gar kochen. Den Backofen auf 170 °C (Umluft 150 °C) vorheizen. Die Rosmarinzweige waschen und in eine Auflaufform legen.

Zwiebeln schälen und vierteln. Paprika, Zucchini und Tomaten waschen, Paprika entkernen und alles in mundgerechte Stücke schneiden. Das Tomatenmark in einer Schale mit dem restlichen Olivenöl und Oregano verrühren.

Die Kartoffeln abgießen und mit dem Gemüse zur Knoblauch-Grillen-Marinade in die Schüssel geben. Die Tomatenmarkmischung ebenfalls zugeben, alles gut miteinander vermengen. Mit Salz und Pfeffer würzen.

Die Gemüse-Grillen-Mischung in die Auflaufform geben und im heißen Ofen ca. 30 Minuten garen. Mit frischem Kräuterbrot servieren.

# Spaghetti mit Grillen in Manchego-Sauce

*Für 4 Portionen • Zeitbedarf: 25 Minuten*

250 g Cocktailtomaten
1 Zwiebel
1 kleines Bund Oregano
4 EL Olivenöl
500 g Spaghetti
30 g gefriergetr. Grillen
400 ml Sahne
200 g geriebener Manchego
200 g TK-Erbsen
Meersalz, Pfeffer aus der Mühle
1 kleines Bund Basilikum

Tomaten waschen und halbieren. Zwiebel schälen und fein würfeln. Oregano waschen, trocken schütteln, die Blättchen abzupfen. 2 EL Olivenöl in einer Pfanne erhitzen, Zwiebelwürfel darin anschwitzen, Tomaten und Oregano zugeben und im heißen Öl schwenken. In eine Schüssel geben und beiseitestellen.

Die Spaghetti in reichlich Salzwasser al dente kochen. Währenddessen die Grillen in einer Pfanne mit 2 EL Öl anbraten, mehrmals schwenken, mit Sahne ablöschen. Den geriebenen Käse zugeben, bei schwacher Hitze einige Minuten ziehen lassen, gelegentlich umrühren.

In der Zwischenzeit die Erbsen 2–3 Minuten in etwas kochendem Wasser erhitzen, abgießen. In die Sauce geben, mit Salz und Pfeffer abschmecken. Basilikum waschen, trocken schütteln, die Blätter von den Stielen zupfen.

Die Spaghetti mit Sauce in tiefen Tellern anrichten, Tomaten und Basilikum darübergeben.

*Tipp: Für eine kalorienreduzierte Variante kann man einen Teil der Sahne durch Milch ersetzen und die Sauce mit etwas Speisestärke binden.*

# Süßkartoffelpüree mit krossen *Mehlwürmern*

*Für 4 Portionen • Zeitbedarf: 30 Minuten*

2 große Süßkartoffeln
2 große vorwiegend festkochende Kartoffeln
Salz
20 g gefriergetr. Mehlwürmer
1 kleine rote Chilischote
2 EL Butter
100 ml Milch
Pfeffer aus der Mühle
frisch geriebene Muskatnuss

Süßkartoffeln und Kartoffeln schälen und in grobe Würfel schneiden. Die Kartoffeln in einen Topf mit Salzwasser geben, aufkochen lassen, nach 5 Minuten die Süßkartoffeln dazugeben und in ca. 15 Minuten weich kochen.

In der Zwischenzeit die Mehlwürmer in einer Pfanne ohne Fett einige Minuten rösten. Herausnehmen und in einer Schüssel bereitstellen. Die Chilischote längs aufschneiden, entkernen und in sehr feine Streifen schneiden.

Die Kartoffeln abgießen und mit einem Kartoffelstampfer zerdrücken. Die Butter unterrühren. Die Milch erwärmen und mit einem Schneebesen unterschlagen. Die Chilistreifen unter das Püree ziehen, mit Salz, Pfeffer und Muskatnuss abschmecken.

Das Püree anrichten und mit den gerösteten Mehlwürmern bestreuen.

# Gebratene Insekten mit *rotem Gemüsecurry*

*Für 4 Portionen • Zeitbedarf: 40 Minuten*

450 g Blumenkohl, 100 g Minimais
350 g grüner Spargel, 150 g Cherrytomaten
3 Frühlingszwiebeln
1 Stück Ingwer, 1 Stange Zitronengras
2 Knoblauchzehen
1 TL Rohrohrzucker
je 1 EL rote Currypaste und Tomatenmark
1 Dose ungesüßte Kokosmilch (400 ml)
100 ml Wasser, 200 g Sahne
Saft von ½ Limette
Salz, Pfeffer aus der Mühle
3 EL Pflanzenöl, 3 EL Sojasauce
20 g gefriergetr. Heuschrecken
3 EL Sojaöl
je 20 g gefriergetr. Grillen und Mehlwürmer
1 TL Currypulver

Blumenkohl, Mais, Spargel, Tomaten und Frühlingszwiebeln waschen, putzen und in etwa gleich große, mundgerechte Stücke schneiden. Ingwer schälen und reiben. Zitronengras und Knoblauch grob zerschneiden, mit dem flachen Messer andrücken.

Den Rohrohrzucker in einem Topf erhitzen, bis er flüssig wird. Currypaste und Tomatenmark dazugeben, mit Kokosmilch und Wasser aufgießen. Knoblauch, Ingwer und Zitronengras dazugeben, aufkochen, ca. 10 Minuten köcheln lassen. Durch ein Sieb passieren, Sahne und Limettensaft zugeben, mit Salz und Pfeffer abschmecken. Weitere 5 Minuten köcheln lassen.

In einer hohen Pfanne das Pflanzenöl erhitzen, Blumenkohl, Spargel und Mais darin scharf anbraten. Mit Sojasauce ablöschen, Tomaten und Frühlingszwiebeln dazugeben, fertig garen und anschließend in die Currysauce geben.

Sprungbeine und Flügel der Heuschrecken entfernen. Sojaöl in einer Pfanne erhitzen, alle Speiseinsekten darin anbraten, mit Currypulver bestreuen.

Das Gemüsecurry in Schalen anrichten, mit den gerösteten Insekten garnieren. Mit Reis oder frischem Brot servieren.

# *Pizza agli insetti*

*Für 1 Blech • Zeitbedarf: 30 Minuten + 30 Minuten ruhen/marinieren + 15 Minuten backen*

*Für den Teig:*
250 g italienisches Weizenmehl, Typ 00
5 g Salz, 10 g frische Hefe
125 ml warmes Wasser, 3 EL Olivenöl

*Für den Belag:*
20 g gefriergetr. Heuschrecken
2 Knoblauchzehen
4 EL Basilikum-Rapsöl oder -Olivenöl
6 Champignons, 2 rote Zwiebeln
200 g geriebener Mozzarella

*Für die Sauce:*
3 EL Olivenöl, 1 kleine Zwiebel
2 EL Tomatenmark
200 g stückige Tomaten (aus der Dose)
2 TL Oregano
Zucker, Meersalz, Pfeffer aus der Mühle

Mehl und Salz in einer Schüssel vermengen. Die Hefe im warmen Wasser auflösen, mit dem Mehl zu einem elastischen Teig verkneten. Zum Schluss das Olivenöl unterkneten. Den Teig zugedeckt ca. 30 Minuten gehen lassen.

Für den Belag Sprungbeine und Flügel der Heuschrecken entfernen. Knoblauch schälen, grob würfeln und mit dem Basilikum-Öl in eine Schüssel geben. Die Heuschrecken 30 Minuten darin marinieren.

In der Zwischenzeit die Zwiebeln schälen und fein würfeln. Öl in einem Topf erhitzen, die Zwiebelwürfel darin glasig andünsten. Tomatenmark zugeben und kurz mit anrösten. Die Tomatenstücke dazugeben und aufkochen lassen. Mit Oregano, Zucker, Salz und Pfeffer abschmecken, ca. 5 Minuten köcheln lassen.
Den Backofen auf 180 °C (Umluft 160 °C) vorheizen. Den Teig nochmals kurz durchkneten, auf Backpapier dünn ausrollen. Auf ein Backblech legen. Die Tomatensauce dünn auf dem Teig verstreichen.

Champignons putzen und in Scheiben schneiden. Zwiebeln schälen und in dünne Ringe schneiden. Den Pizzaboden damit belegen, die Heuschrecken darübergeben, mit Mozzarella bestreuen. Die Pizza im heißen Ofen 10–15 Minuten backen und servieren.

# Reibekuchen mit Buffalos

*Für 4 Portionen • Zeitbedarf: 30 Minuten*

*Für die Reibekuchen:*
1,5 kg Kartoffeln
2 große Zwiebeln
8 EL Paniermehl
2 Eier
20 g gefriergetr. Buffalowürmer
Salz, Pfeffer aus der Mühle
Rapsöl zum Braten

*Für den Dip:*
400 ml Sauerrahm
1 Bund Schnittlauch
Salz, Pfeffer aus der Mühle

Kartoffeln und Zwiebeln schälen und mit einer feinen Reibe in eine Schüssel raspeln. Das Paniermehl und die Eier dazugeben und alles gut vermengen. Die Buffalowürmer unter die Masse heben, mit Salz und Pfeffer würzen.

Den Sauerrahm in einer Schüssel verrühren, mit Salz und Pfeffer abschmecken. Den Schnittlauch waschen, fein hacken und unterrühren.

Reichlich Rapsöl in einer Pfanne erhitzen, die Kartoffelmasse portionsweise hineingeben, mit einem Löffelrücken flach streichen und bei mittlerer Hitze von beiden Seiten goldbraun braten. Auf Küchenpapier abtropfen lassen. Die Buffalo-Reibekuchen mit dem Sauerrahm servieren.

*Tipp: Das Rezept schmeckt auch als klassische süße Variante mit Apfelkompott oder Preiselbeeren.*

# Sushi-Variationen mit Insekten

*Für 4 Portionen • Zeitbedarf: 60 Minuten*

500 g Sushi-Reis
3 EL Reis-Essig
1 TL Salz, 1 EL Zucker
3 EL Sojaöl
20 gefriergetr. Heuschrecken
10 g gefriergetr. Mehlwürmer
Sojasauce, 4 EL Sesam
1 Karotte, ½ Gurke
1 reife Avocado, Noriblätter
4 TL Mayonnaise
eingelegter Ingwer, Wasabipaste
1 Bambus-Rollmatte

Sushi-Reis waschen und nach Packungsanleitung zubereiten. Reis-Essig, Salz und Zucker in einem kleinen Töpfchen erwärmen und unter den gekochten, handwarmen Reis rühren. Möglichst rasch abkühlen lassen.

In der Zwischenzeit Sojaöl in einer Pfanne erhitzen, nacheinander Heuschrecken und Mehlwürmer kurz darin frittieren. Herausnehmen und mit Sojasauce marinieren. Sesam in einer Pfanne ohne Fett rösten. Karotte und Gurke schälen, in dünne Streifen schneiden. Avocado halbieren, schälen und entkernen, ebenfalls in Streifen schneiden.

Für California-Rolls eine Bambusmatte mit Frischhaltefolie umwickeln. 1 Noriblatt halbieren, eine Hälfte quer auf die Matte legen. Reis dünn darauf verteilen und andrücken. Noriblatt von der Folie lösen, vorsichtig wenden, sodass die Reisseite nun auf der Folie aufliegt. 1 TL Mayonnaise in der Mitte des Noriblattes verstreichen, Gemüsestreifen darauflegen und einige frittierte Mehlwürmer aufstreuen. Die Matte vorsichtig, aber fest aufrollen. Matte entfernen, die Sushi-Rolle mit Sesam bestreuen, leicht andrücken. Mit einem scharfen Messer in gleichmäßige Scheiben schneiden, mit Mehlwürmern garnieren.

Für Nigiri-Sushi mit 2 Esslöffeln Nocken aus Reis formen. 1 Noriblatt in dünne, ca. 8 cm lange Streifen schneiden. Die frittierten Heuschrecken auf dem Reis anrichten, jeweils mit 1 Nori-Streifen fixieren. Die Sushi-Variationen mit eingelegtem Ingwer und Wasabi servieren.

# Asiatische Insekten-Pfanne *auf Jasminreis*

*Für 4 Portionen • Zeitbedarf: 30 Minuten + 25 Minuten garen*

400 g Jasminreis
100 g grüne Bohnen
2 Frühlingszwiebeln
1 kleine Dose Kichererbsen (240 g Abtropfgewicht))
3 EL Pflanzenöl
20 g kleine gefriergetr. Heuschrecken
20 g gefriergetr. Grillen
100 ml Gemüsebrühe
1 TL Asia-Gewürzmischung
½ Bund Koriander

Den Jasminreis nach Packungsanweisung in Salzwasser garen. In der Zwischenzeit die grünen Bohnen und die Frühlingszwiebeln waschen, putzen und in Streifen schneiden. Die Kichererbsen in ein Sieb gießen, kalt abspülen und abtropfen lassen.

Das Öl in einer großen Pfanne erhitzen, Bohnen, Zwiebeln und Kichererbsen darin scharf anbraten. Heuschrecken und Grillen dazugeben und mehrmals umrühren. Anschließend mit Brühe ablöschen und mit der Asia-Gewürzmischung abschmecken.

Den Koriander waschen, die Blättchen abzupfen und fein hacken. Die Gemüse-Insekten-Mischung auf dem Reis anrichten, mit gehackten Korianderblättchen bestreuen und servieren.

# Mehlwurm-Quiche

*Für 1 Springform (24 cm Ø)*
*Zeitbedarf: 25 Minuten + 30 Minuten ruhen + 30 Minuten backen*

200 g Mehl, 1 Prise Salz
100 g kalte Butter
4 EL eiskaltes Wasser
100 g Speck
35 g gefriergetr. Mehlwürmer
2 Knoblauchzehen, 2 Frühlingszwiebeln
2 TL Olivenöl
2 Tomaten
1 kleines Bund Petersilie
je 1 Zweig Rosmarin und Thymian
50 ml Weißwein
Salz, Pfeffer aus der Mühle
Butter für die Form
2 TL Speisestärke
50 ml Sahne
150 g Crème fraîche, 1 Ei

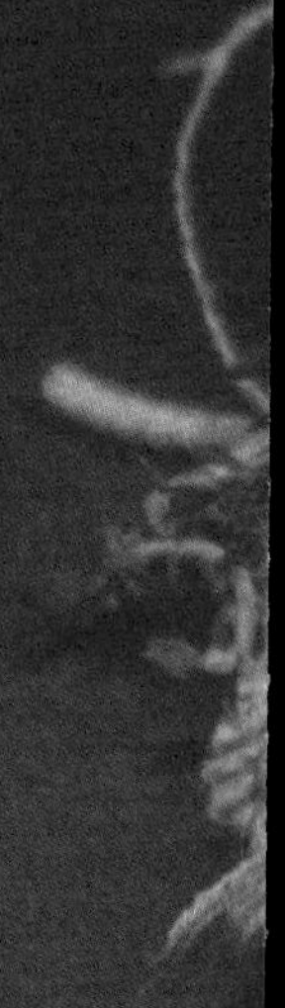

Mehl mit Salz mischen. Butter in Stücken dazugeben, alles mit einem Messer hacken, dann mit Wasser zu einem festen Teig verkneten. In Folie wickeln und ca. 30 Minuten kühl stellen.

Den Speck klein würfeln und in einer Pfanne scharf anbraten. Die Mehlwürmer dazugeben, mit dem Speck vermengen, vom Herd nehmen und ziehen lassen.

Knoblauch schälen, Frühlingszwiebeln putzen, beides in kleine Würfel schneiden. Öl in einer Pfanne erhitzen, Knoblauch- und Zwiebelwürfel darin anbraten. Die Tomaten waschen, würfeln und mitdünsten. Petersilie, Rosmarin und Thymian waschen, Blätter fein hacken und dazugeben. Mit Weißwein ablöschen, aufkochen und einige Minuten köcheln lassen. Mit Salz und Pfeffer würzen.

Den Boden einer Springform fetten. Den Teig rund ausrollen, in die Springform legen, dabei einen ca. 4 cm hohen Rand formen und andrücken. Mit einer Gabel den Boden mehrfach einstechen. Den Backofen auf 200 °C (Umluft 180 °C) vorheizen.

Speisestärke und Sahne verrühren, mit dem Gemüse in der Pfanne gut vermengen, auf dem Teigboden verteilen. Crème fraîche und Ei verrühren, mit Mehlwürmern und Speck mischen, mit Salz und Pfeffer abschmecken. In die Form geben, mit einer Gabel unter das Gemüse heben. Die Quiche ca. 30 Minuten backen.

Scharfer

# Insekten-Wrap

*Für 8 Wraps • Zeitbedarf: 30 Minuten*

*Für die Chilisauce:*
2 große rote Chilischoten
2 Knoblauchzehen, 1 rote Zwiebel
1 kleines Stück Ingwer
1 EL Pflanzenöl, 100 ml Wasser
50 ml weißer Balsamico-Essig
5 EL Zucker, 1 Prise Salz,
1 TL Speisestärke

*Für die Wraps:*
je 2 rote und gelbe Paprikaschoten
4 Tomaten, 2 reife Avocados
300 g Mais aus der Dose
35 g gefriergetr. Mehlwürmer
8 Weizentortillas
250 g geriebener Emmentaler
250 g Schmand

Chilischoten waschen, entkernen und in sehr kleine Stücke schneiden. Knoblauch, Zwiebeln und Ingwer schälen und ebenfalls fein hacken. Das Öl in einem Topf erhitzen, Chili, Knoblauch, Zwiebeln und Ingwer darin anschwitzen. Wasser, Essig, Zucker und Salz dazugeben und ca. 15 Minuten köcheln lassen. Die Speisestärke mit etwas kaltem Wasser verrühren, in die Sauce geben und kurz aufkochen lassen. Die Chilisauce in eine Schale füllen und abkühlen lassen.

Paprikaschoten und Tomaten waschen, entkernen und in kleine Würfel schneiden. Die Avocados halbieren, schälen und entkernen, ebenfalls klein würfeln. Den Mais abtropfen lassen. Die Mehlwürmer in einer Pfanne ohne Fett kurz anrösten und bereitstellen.

Die Tortillas einzeln in eine Pfanne ohne Fett geben, gleichmäßig mit dem geriebenen Käse bestreuen und langsam erhitzen. Sobald der Käse zu schmelzen beginnt, aus der Pfanne nehmen. Mit Gemüsewürfeln, Mais und Mehlwürmern füllen, Chilisauce und Schmand dazugeben. Aufrollen und noch warm servieren.

# DESSERTS

## *Süßes Finale*

Durch ihren leicht nussigen Geschmack harmonieren Insekten sehr gut mit Schokolade oder Karamell und sind daher auch gut für feine Dessert-Variationen geeignet.

# Schoko-Berge mit Mehlwürmern und Erdbeersalat

*Für 4 Portionen • Zeitbedarf: 15 Minuten*

200 g Kuvertüre
35 g gefriergetr. Mehlwürmer
60 g Mandelstifte
200 g frische Erdbeeren
1 Zweig Thymian
1 TL Honig
2 EL weißer Balsamico-Essig
2 EL Wasser
1 TL Öl
1 Prise Salz
1 Prise roter Pfeffer

Die Kuvertüre in einer Schüssel über einem heißen Wasserbad unter Rühren schmelzen lassen. Mehlwürmer und Mandeln zusammen in eine heiße Pfanne geben und einige Minuten anrösten, bis die Mandeln leicht gebräunt sind.

Mehlwürmer und Mandeln unter die flüssige Kuvertüre geben und verrühren, bis die gesamte Mischung mit einem Schokoladenfilm überzogen ist. Mit 2 kleinen Löffeln Häufchen auf ein mit Backpapier ausgelegtes Blech setzen und ca. 15 Minuten abkühlen lassen.

Die Erdbeeren in kleine Würfel schneiden und in eine Schüssel geben. Den Thymian waschen, trocken schütteln, die Blättchen abzupfen und fein hacken. In einer kleinen Schüssel mit Honig, Balsamico, Wasser und Öl verrühren, zu den Erdbeeren geben und alles gut vermengen. Mit Salz und Pfeffer abschmecken.

Die Schoko-Mehlwurm-Berge auf Tellern anrichten und mit dem Erdbeersalat servieren.

# Mandel-Creme mit Buffalos

*Für 4 Portionen • Zeitbedarf: 25 Minuten*

4 Eier
1 Prise Salz
1 Vanilleschote
50 g Zucker
50 g Mehl
200 ml Milch
250 ml Schlagsahne
35 g gefriergetr. Buffalowürmer
50 g gemahlene Mandeln
2 cl brauner Rum

Die Eier trennen. Die Eiweiße mit Salz steif schlagen und kühl stellen. Die Vanilleschote längs aufschlitzen, das Mark herausschaben.

Die Eigelbe mit Zucker und Vanillemark in einer Rührschüssel schaumig schlagen. Das Mehl sieben, nach und nach unterziehen. Milch und Sahne in einem Topf erhitzen, den Eigelbschaum unterrühren.

Die Buffalos in einer Pfanne ohne Fett rösten und anschließend in eine kleine Schale geben. ¾ davon in einer Küchenmaschine oder einem Mörser fein mahlen.

Die gemahlenen Mandeln und das Insektenmehl zur Creme geben, unter Rühren erhitzen, aber nicht kochen lassen. Den Topf vom Herd ziehen, den Rum zugeben und die Creme abkühlen lassen. Dann den Eischnee vorsichtig unterheben.

Die Creme in Schälchen füllen. Vor dem Servieren mit den restlichen gerösteten Buffalowürmern bestreuen.

# Gebackene
# Buffalo-Nektarinen

*Für 4 Portionen • Zeitbedarf: 20 Minuten + 10 Minuten backen*

50 g gefriergetr. Buffalowürmer
8 EL Akazienhonig
200 g Ricotta
4 Nektarinen
Zucker

Die Buffalowürmer in eine Pfanne geben und ohne Fett kurz anrösten. 6 EL Akazienhonig dazugeben, gut vermengen und bereitstellen. Den Ricotta mit dem restlichen Honig in einer Schüssel verrühren und ebenfalls bereitstellen. Den Backofen auf 170 °C (Umluft 150 °C) vorheizen.

Die Nektarinen waschen, halbieren und entkernen. Die Hälften mit Zucker bestreuen und mit dem Fruchtfleisch nach unten in einer heißen Pfanne karamellisieren lassen. Anschließend im Ofen etwa 5–10 Minuten backen, bis sie weich sind.

Jeweils 2 Nektarinenhälften auf einem Teller mit der Ricottacreme anrichten und mit den Honig-Buffalos garnieren. Warm servieren.

# Zimt-Schnecken mit *Mehlwürmern*

*Für etwa 25 Schnecken*
*Zeitbedarf: 25 Minuten + 60 Minuten ruhen + 15 Minuten backen*

*Für den Teig:*
250 ml Milch, 1 Würfel Hefe
100 g Zucker, 80 g Butter
500 g Mehl, 1 Msp. Salz
1 Päckchen Vanillezucker
1 TL gemahlener Kardamom
1 Ei (Größe M)

*Für die Füllung:*
100 g sehr weiche Butter
50 g Zucker, 3 TL Zimt
20 g gefriergetr. Mehlwürmer

*Für das Bestreichen:*
1 Ei, 2 EL Milch

Die Milch in einem Topf lauwarm erhitzen. Die Hefe zerbröckeln, mit 50 ml Milch und 1 EL Zucker verrühren. Die Butter in der übrigen Milch schmelzen.

Das Mehl mit Salz, dem übrigen Zucker, Vanillezucker und Kardamom mischen. Die angerührte Hefe, das Ei und die Milch mit der Butter dazugeben und alles zu einem glatten Teig verkneten. Abgedeckt an einem warmen Ort ca. 30 Minuten gehen lassen.

Den Teig auf einer bemehlten Arbeitsfläche nochmals kurz durchkneten, ca. ½ cm dick zu einem Rechteck ausrollen. Mit der Butter bestreichen. Zucker und Zimt mischen und darüberstreuen. Die Mehlwürmer in einer Pfanne ohne Fett wenige Minuten rösten und gleichmäßig auf dem Teig verteilen.

Die Teigplatte von der Längsseite her aufrollen, in ca. 2 cm dicke Scheiben schneiden, auf ein mit Backpapier ausgelegtes Backblech legen und ca. 30 Minuten gehen lassen.

Den Backofen auf 180 °C (Umluft 160 °C) vorheizen. Ei und Milch verrühren und die Schnecken damit bestreichen. Ca. 15 Minuten auf der mittleren Schiene backen und warm servieren.

# Apfelkompott mit gebrannten Heuschrecken

*Für 4 Portionen • Zeitbedarf: 30 Minuten*

2 große Äpfel
2 EL Rosinen
2 EL Wasser
100 g Zucker
2 TL Zimt
1 Päckchen Vanillezucker
30 g gefriergetr. Heuschrecken

Die Äpfel schälen, entkernen und in kleine Stücke schneiden. Mit den Rosinen und Wasser in einem Topf weich dünsten. Mit etwas Zucker und Zimt abschmecken.

In der Zwischenzeit Zucker, Zimt und Vanillezucker in einer hohen Pfanne erhitzen, bis der Zucker schmilzt. Umrühren. Die Sprungbeine und Flügel der Heuschrecken entfernen. Die Heuschrecken in die Pfanne geben und vorsichtig in der Zuckermasse wenden, bis sie ganz vom Karamell umhüllt sind. Herausnehmen und auf Backpapier auskühlen lassen.

Das Apfelkompott mit den karamellisierten Heuschrecken auf Tellern anrichten und servieren.

# Schokofondue mit Früchten und Heuschrecken

*Für 4 Portionen • Zeitbedarf: 30 Minuten*

60 große gefriergetr. Heuschrecken
ca. 600 g frisches Obst (z.B. Himbeeren, Ananas, Mango, Banane, Papaya)
etwas Zitronensaft
50 ml Sahne
200 g Vollmilchschokolade
50 ml frisch gepresster Orangensaft
½ Päckchen Vanillezucker
1 EL Orangenlikör

Die Sprungbeine und Flügel der Heuschrecken entfernen. Die Heuschrecken in einer Pfanne ohne Fett kurz anrösten und anschließend auf kleine Schalen verteilen.

Die Früchte waschen bzw. schälen und in mundgerechte Stücke schneiden, Bananen mit Zitronensaft beträufeln. Die Früchte ebenfalls auf Schälchen verteilen.

Die Sahne in einem Topf bei mittlerer Hitze erwärmen. Die Schokolade in Stücke brechen, dazugeben und unter Rühren darin auflösen. Orangensaft, Vanillezucker und Orangenlikör zugeben und alles gut miteinander verrühren.

Die warme Schokoladenmasse in kleine Schalen oder in einen Fonduetopf füllen. Das vorbereitete Obst und die Heuschrecken mit Fonduegabeln oder Holzspießchen in die Schokolade tauchen.

# SNACKS

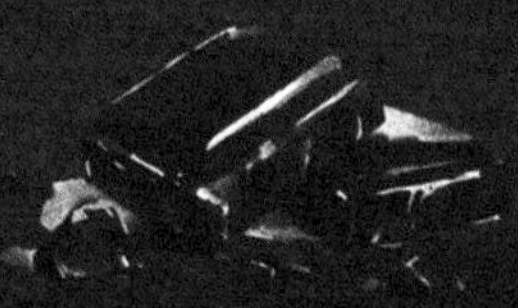

## *Klein & fein*

Ob süß oder herzhaft, ob als Schoko-Praline, Keks oder Power-Riegel für unterwegs: Insekten sind ideal als kleine Stärkung zwischendurch.

# Fruchtige
# *Insekten-Lollis*

*Für 20 Lollis • Zeitbedarf: 20 Minuten*

20 Lolli-Stiele
20 gefriergetr. Mehlwürmer
20 gefriergetr. Grillen
1 EL Wasser
1 TL Zitronensaft
200 g Zucker
2 TL Traubenzucker

Eine Lage Backpapier auf der Arbeitsfläche ausbreiten. Die Lolli-Stiele mit genügend Abstand darauf verteilen, jeweils am Ende des Stieles Mehlwürmer und/oder Grillen anordnen.

Wasser mit Zitronensaft in einem Topf erhitzen. Zucker und Traubenzucker unter Rühren dazugeben, bis die Masse zu kochen beginnt. Dann ohne zu rühren weiterkochen lassen, bis die Zuckermasse klar ist. Den Topf vom Herd ziehen.

Die flüssige Lolli-Masse mit einem Löffel oder einer kleinen Kelle so über die ausgelegten Stiele geben, dass Würmer und Grillen mit eingegossen werden. Alternativ die Zuckermasse in Klecksen auf das Backpapier gießen, die Stiele und Insekten (mit einem Zahnstocher) in die Masse drücken.

Zum Aufbewahren die Lollis einzeln straff in Frischhaltefolie wickeln, damit sie keine Feuchtigkeit ziehen und nicht trüb werden.

# Nuss-Toffee mit Insekten

*Für 4 Portionen • Zeitbedarf: 20 Minuten + 30 Minuten kühlen*

100 g gehackte Mandeln
10 g gefriergetr. Mehlwürmer
10 g gefriergetr. Buffalowürmer
100 g Zucker
100 g Butter
1 TL gemahlene Vanille
1 Prise Salz
200 g Vollmilch-Kuvertüre

Eine Auflaufform (ca. 20 x 20 cm) oder einen Bräter mit Backpapier auslegen. Die gehackten Mandeln und die Insekten nacheinander in einer Pfanne jeweils einige Minuten ohne Fett rösten und getrennt bereitstellen. Die gerösteten Mandeln in der Form auf dem Backpapier verteilen.

Zucker, Butter, Vanille und Salz in einer hohen, dickwandigen Pfanne langsam erhitzen. Rühren, bis sich der Zucker verflüssigt und mit der Butter zu einer homogenen Masse verbunden hat. Dies dauert einige Minuten. Die heiße Karamellmasse vorsichtig in die Form über die Mandeln gießen und anschließend mit ⅔ der gerösteten Insekten bestreuen.

Die Kuvertüre in Stücke brechen und über einem heißen Wasserbad schmelzen, dabei ab und zu umrühren. Die Kuvertüre gleichmäßig über Karamellmasse und Insekten gießen, die restlichen Würmer darüberstreuen. Ca. 30 Minuten abkühlen lassen.

Das Insekten-Nuss-Toffee mit einem Messer vom Rand der Form lösen und grob in Stücke brechen.

# Schoko-Pralinen mit Buffalo-Krokant

*Für ca. 30–40 Stück • Zeitbedarf: 20 Minuten + 2 Stunden kühlen*

2 EL Butter
120 g Zucker
35 g gefriergetr. Buffalowürmer
50 g gehackte Haselnüsse
300 g Edelbitter-Kuvertüre
Pralinen-Silikonförmchen

Butter und Zucker in einer Pfanne schmelzen lassen. Buffalowürmer und Haselnüsse zufügen und gut mit der Zuckermasse verrühren. Die heiße Masse auf ein Backpapier streichen und abkühlen lassen. In der Zwischenzeit die Kuvertüre in Stücke brechen und über einem heißen Wasserbad auflösen, dabei ab und zu umrühren.

Mithilfe einer Teigrolle den erkalteten Buffalo-Krokant in kleine Stücke brechen und in die Silikonförmchen streuen, sodass sie zur Hälfte gefüllt sind. Mit der flüssigen Schokoladenmasse auffüllen, dabei die Form mehrmals vorsichtig auf die Arbeitsfläche klopfen, damit keine Luftbläschen entstehen.

Die Schoko-Pralinen ca. 2 Stunden im Kühlschrank fest werden lassen. Die fertigen Pralinen vorsichtig aus der Form lösen und kühl aufbewahren.

*Tipp: Wer mag, kann die Pralinen mit ein paar gerösteten Buffalowürmern und etwas flüssiger Kuvertüre dekorieren.*

# Insekten-Gebäck

*Für ca. 30 Kekse • Zeitbedarf: 15 Minuten + 1 Stunde ruhen + 15 Minuten backen*

250 g Mehl
100 g gemahlene Mandeln
50 g Haferflocken
150 g Zucker
½ TL Backpulver
1 Päckchen Vanillezucker
1 Prise Salz
50 ml Milch
100 g Butter
2 Eier (Größe M)
25 g gefriergetr. Mehlwürmer

Das Mehl sieben, mit den gemahlenen Mandeln, ⅔ der Haferflocken, 75 g Zucker, Backpulver, Vanillezucker und Salz mischen. Milch, die in kleine Stücke geschnittene Butter und Eier dazugeben und alles zu einem festen Teig verkneten. Den Teig zu einer Rolle formen, in Frischhaltefolie wickeln und ca. 1 Stunde kühl stellen.

Den Backofen auf 180 °C (Umluft 160 °C) vorheizen. Die Teigrolle in ca. 1 cm dicke Scheiben schneiden. Auf einem mit Backpapier ausgelegtem Backblech ca. 15 Minuten goldgelb backen. Herausnehmen und auf einem Kuchengitter abkühlen lassen.

In der Zwischenzeit den restlichen Zucker in einer Pfanne erhitzen, bis er flüssig wird. Die Mehlwürmer und die restlichen Haferflocken dazugeben, alles gut miteinander vermengen.

Den noch flüssigen Mehlwurm-Karamell mit 2 kleinen Löffeln portionsweise auf den Keksen verteilen und abkühlen lassen.

# Power-Riegel mit Grillen

*Für ca. 20 Riegel • Zeitbedarf: 30 Minuten + 20 Minuten backen*

50 g Mehl
50 g gepuffter Amaranth
150 g Haferflocken
10 g Kokosraspel
1 TL Zimt
3 EL grob gehackte Mandeln
80 g getr. Cranberrys
80 g getr. Aprikosen
25 g gefriergetr. Grillen
150 g Sommerhonig
100 g zuckerfreies Apfelmark

Mehl, Amaranth, Haferflocken, Kokosraspeln und Zimt in eine große Schüssel geben. Die gehackten Mandeln in einer Pfanne ohne Fett anrösten, bis sie leicht gebräunt sind. Cranberrys und Aprikosen mit dem Messer oder in einer Küchenmaschine grob zerkleinern. In die Schüssel geben.

Die Grillen in einer Küchenmaschine zu feinem Mehl mahlen. Mit den Mandeln, Honig und Apfelmark ebenfalls in die Schüssel geben und alle Zutaten mit den Knethaken eines Handrührgeräts zu einem homogenen, festen Teig vermengen.

Den Backofen auf 170 °C (Umluft 150 °C) vorheizen. Die Riegelmasse auf ein mit Backpapier ausgelegtes Backblech geben und mit einem Nudelholz gleichmäßig ca. 2 cm dick ausrollen. Eventuell ein Backpapier auf die Masse legen, damit sie nicht am Nudelholz kleben bleibt.

Die Riegelmasse im heißen Ofen ca. 15–20 Minuten backen, bis die Ränder dunkel werden. Herausnehmen, noch warm mit einem Messer in ca. 20 Riegel schneiden, den Rand dabei aussparen.

Nach dem Abkühlen die Power-Riegel in einer Blechdose aufbewahren oder in Zellophan wickeln, damit sie nicht austrocknen.

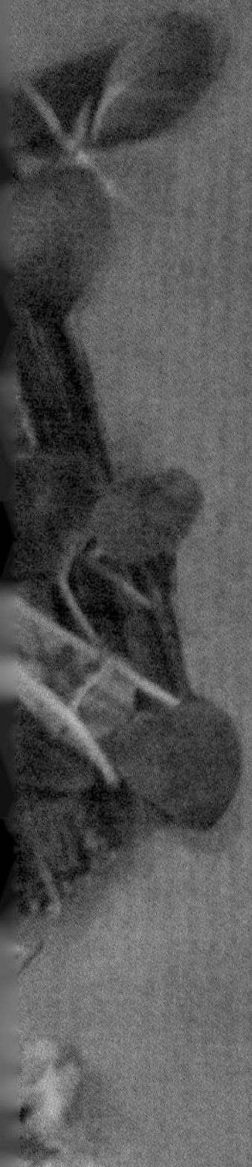

# Herzhafte Buffalo-Muffins

*Für 12 Muffins • Zeitbedarf: 20 Minuten + 25 Minuten backen*

250 g Weizenmehl
2 TL Backpulver
½ TL Natron, Salz
2 Eier, 75 ml Olivenöl
150 ml Milch
125 g Möhren
1 EL getr. Oregano
Pfeffer aus der Mühle
35 g gefriergetr. Buffalowürmer
Muffinblech und Papierförmchen

Das Mehl in eine Schüssel sieben, mit Backpulver, Natron und 1 Prise Salz vermischen. Eier, Öl und Milch verquirlen, zum Mehl geben und zügig miteinander verrühren. Die Möhren schälen, raspeln und mit Oregano unter den Teig rühren, mit Salz und Pfeffer abschmecken. Etwa ¾ der Buffalowürmer vorsichtig unterziehen.

Den Backofen auf 170 °C (Umluft 150 °C) vorheizen. Ein Muffinblech mit Papierförmchen auskleiden, den Teig mit 2 Esslöffeln in die Förmchen füllen. Die restlichen Buffalowürmer darüber verteilen. Die Muffins auf der mittleren Einschubleiste im vorgeheizten Ofen etwa 25 Minuten backen.

Die fertigen Muffins auf einem Kuchengitter auskühlen lassen, warm oder kalt servieren.

# Grillen im Teigmantel

*Für 4 Portionen • Zeitbedarf: 20 Minuten*

15 g Sesamsamen
100 g Mehl
1 TL Backpulver
50 g Speisestärke
50 g weiche Butter
1 Spritzer Zitronensaft
¼ l Wasser
250 g Frittierfett
40 große gefriergetr. Grillen
6 EL Akazienhonig

Eine Pfanne erhitzen und die Sesamsamen darin ohne Fett kurz anrösten.

Das Mehl in eine Schüssel sieben, mit Backpulver und Speisestärke vermengen. Butter, Zitronensaft und Wasser in die Schüssel geben, alle Zutaten mit einem Handrührgerät zu einem glatten Teig verrühren.

Das Frittierfett in einem Topf erhitzen. Die Grillen, am besten mit einer großen Pinzette, in Teig wenden und im heißen Fett einige Minuten goldbraun ausbacken. Herausnehmen und auf Küchenpapier abtropfen lassen.

Die frittierten Grillen mit Akazienhonig bestreichen, mit den gerösteten Sesamsamen bestreuen und servieren.

# Folke Dammann

Ein Bericht der Vereinten Nationen über Insekten als Nahrungsmittel der Zukunft war für Folke Dammann die Initialzündung. Der Kommunikationsdesigner, der nach seinem Studium am Institute of Design in Hamburg einige Jahre Werbe- und Präsentationsobjekte für die Gastronomie entwickelte, begann, sich intensiv mit dem Thema Insekten zu beschäftigen. Die Zucht von Speise-Insekten als ökologische Alternative überzeugte, das Potenzial für künftigen Insektenverzehr in Deutschland schien vorhanden.

Anfang 2013 gründete Dammann „Snack-Insects" und vertreibt seitdem gefriergetrocknete Speise-Insekten aus speziellen europäischen Insektenfarmen. Er veranstaltet Informations- und Verkostungsaktionen, setzt sich verstärkt für eine bessere Aufklärung und Akzeptanz von Insekten als Nahrungsmittel ein und entwickelt immer wieder neue Produkte für sein „Snack-Insects"-Sortiment.

Das Interesse und auch die Toleranz der Verbraucher waren von Beginn an groß. Da die Möglichkeit, Speise-Insekten zu probieren, hierzulande fehlte, nutzte Dammann alte Kontakte und entwickelte für die stetig wachsende Nachfrage zusammen mit befreundeten Gastronomen Rezeptideen und Zubereitungs-Tipps, die sehr gut angenommen wurden. So entstand schließlich die Idee zu diesem Insekten-Kochbuch. Und um dieses Projekt auch grafisch perfekt umsetzen zu können, fand Folke Dammann mit der Art Directorin und Fotografin Nadine Kuhlenkamp die ideale Partnerin.

# *Nadine Kuhlenkamp*

Das Projekt „Kochen mit Insekten" reizte Nadine Kuhlenkamp von Anfang an. Die Hamburger Kommunikationsdesignerin und Mediengestalterin für Digital- und Printmedien war nach ihrem Studium national und international in der Werbebranche tätig, bevor sie sich 2015 selbständig machte und nun als freie Senior Art Directorin tätig ist. Sich mit viel Leidenschaft immer neuen Herausforderungen zu stellen, umzudenken und andere Wege zu gehen, das zeichnet ihre Arbeit besonders aus. Nebenbei illustriert, stickt und näht sie auch gerne, malt schon mal ganze Schriftfamilien aus Schokolade oder stickt ihre Illustrationen auf Stoffe. „Alles was ganz viel Liebe braucht", das findet Nadine Kuhlenkamp besonders spannend.

Und spannend war für sie auch die Aufgabe, das passende Design für das Thema Insekten zu finden. Etwas Neues, das es so noch nicht gab, sollte es für dieses Projekt sein. Nicht nur die Zubereitung war ungewohnt, sondern vor allem die Food-Fotografie, Insekten aus einem kulinarischen Blickwinkel zu zeigen, sie so ansprechend und appetitlich wie möglich zu präsentieren. Eine echte Herausforderung! Aber sie hat Nadine Kuhlenkamp zum Speise-Insekten-Fan gemacht.

# Danke

Wir möchten uns ganz herzlich bei allen bedanken, die uns bei der Verwirklichung dieses Buchprojekts auf so vielfältige Weise unterstützt haben. Bei unseren Familien und Freunden; ganz besonders bei Ines, die viele Rezepte mitentwickelt hat und immer eine große Hilfe war. Und bei denen, die das eine oder andere Rezept mutig probiert haben.

Unser Dank geht auch an Familie Köpke, die uns die tollen Requisiten aus ihrem Antiquitätenfundus zur Verfügung gestellt hat, und auch an Familie Achterberg für die kurzfristigen Leihgaben für das Fotoshooting. Ebenso an die „Bienenschäferei“ für viele Infos und den leckeren Honig für die Zubereitung der Rezepte.

Bedanken möchten wir uns auch bei Petra Zarre und John Gloeden, dass sie uns ihre Wohnung für das Shooting zur Verfügung gestellt haben. Und bei Moritz Königsbüscher für das schöne Porträtfoto.

Lieben Dank auch an Helga, Christian, Olaf, Ben, Thomas, Rossi und Thea für Rat und Tat und an Michi Bruhn für seine Unterstützung und Hilfe bei der Ideenfindung. Und auch an Eva Eckstein vom Kosmos Verlag, die von Anfang an hinter uns und dem Thema stand und uns mit viel Engagement unterstützt hat.

*Folke und Nadine*

# Lust auf's Kochen bekommen?

**Besuchen Sie den Snack-Insects Onlineshop.** Hier finden Sie alle in den Rezepten verwendeten Speise-Insekten für Ihr persönliches Insekten-Dinner. Neben einer großen Auswahl an Insekten zum Kochen runden gewürzte Insektensnacks, Mehlwurmschokolade und Insektenlollis das Shop-Angebot ab: **www.wuestengarnele.de**

Für weitere Informationen über essbare Insekten und alle Neuigkeiten von Snack-Insects schauen Sie gern auf unsere Facebookseite: **www.facebook.com/snackinsects**

SNACK insects

# REGISTER VON A-Z

# REZEPTE

## Buffalowürmer



## Grillen



## Heuschrecken



## Mehlwürmer



## Verschiedene Insekten



# LITERATUR

Heiko Bellmann, Der neue Kosmos Insektenführer, Kosmos Verlag 2009

Bruno Comby, Köstliche Insekten. Die Proteine der Zukunft. Unerschöpfliche Quelle für die gesunde Ernährung, Eichborn Verlag 1994.

Ingo Fritzsche & Bubpa Gitsaga, Das Insektenkochbuch. Der etwas andere Geschmack, Natur und Tier Verlag GmbH 2002

Arnold van Huis, Henk van Gurp, Marcel Dicke, The Insect Cookbook. Food for a Sustainable Planet, Columbia University Press 2014

Food safety aspects of insects intended for human consumption. SciCom dossier 2014/04; SHC (Superior Health Council) dossier n° 9160

Six-legged livestock: edible insect farming, collecting and marketing in Thailand. FAO Regional Office for Asia and the Pacific, Bangkok 2013

Christina Rempe, Hui oder Pfui: Insekten in der menschlichen Ernährung, Beitrag in: Ernährung im Fokus, Heft 07-08/2014, aid infodienst

Der Beitrag von Insekten zu Nahrungssicherung, Lebenssicherung und Umwelt. Informationsleitfaden der FAO Food and Agriculture Organization of the United Nations. www.fao.org/docrep/018/i3264g/i3264g.pdf

Defect Levels Handbook, U.S. Food and Drug Administration. www.fda.gov/Food/GuidanceRegulation/GuidanceDocumentsRegulatoryInformation/SanitationTransportation/ucm056174.htm

“Bugs that taste like Bacon & other edible Insects”, www.yummly.com/dish/2011/09/bugs-that-taste-like-bacon-other-edible-insects/

„Heuschrecken als Leckerbissen“, Berliner Zeitung vom 14.06.2013

„Heuschreckenjagd in Uganda ist ein lukratives Geschäft“, Südwest Presse vom 15.12.2014

„Insektenmenü vom Sternekoch“, Spiegel.de vom 06.05.2013

# Gesund genießen

Boris Lauser
**Go Raw – be alive!**
160 Seiten, €/D 19,99

Rohkost bedeutet nur Salat und Gemüsesticks zu knabbern? Ab jetzt nicht mehr! Es wird gemixt und mariniert, gedörrt und gekeimt. Neben einfachen Basic-Gerichten für jeden Tag, wie grüne Smoothies und Zucchini-Pasta, lassen sich auch Klassiker wie Pizza, Lasagne oder Käsekuchen zubereiten – und sind mindestens genauso lecker wie ihre nicht-rohen Vorbilder. Ein großer Einleitungsteil gibt alle nötigen Informationen zu Produkten, Zubereitungsarten, Geräten und Utensilien, die man für den Einstieg in die Rohkostküche benötigt.

Hildegard Möller
**Kohl**
160 Seiten, €/D 19,99

Kohlgemüse mal von einer ganz anderen Seite: kreative und gesunde Rezepte von Chips über grüne Smoothies bis Risotto. Das alte Gemüse wird gerade neu entdeckt und macht Karriere als Superfood. Denn Grünkohl, Wirsing, Kohlrabi, Blumenkohl & Co. stecken voll mit Vitaminen, Mineralstoffen, Ballaststoffen und schützenden Antioxidantien. Kohl präsentiert sich in diesem Kochbuch von einer ganz neuen, aufregenden Seite.

**Jetzt bestellen auf kosmos.de**

# IMPRESSUM

Umschlaggestaltung und die dafür verwendete Illustration von Nadine Kuhlenkamp, Hamburg

Mit 51 Farbfotos und 13 Illustrationen von Nadine Kuhlenkamp
Bildnachweis: Shutterstock: S. 12,
Folke Dammann: S. 6

Rezepte, Geling-Tipps, Infos zum KOSMOS-Kochbuch-Programm und vieles mehr unter
**kosmos.de/kochen**

Unser gesamtes Programm finden Sie unter **kosmos.de**.
Über Neuigkeiten informieren Sie regelmäßig unsere Newsletter, einfach anmelden unter **kosmos.de/newsletter**

Gedruckt auf chlorfrei gebleichtem Papier

© 2015, Franckh-Kosmos Verlags-GmbH & Co. KG, Stuttgart
Alle Rechte vorbehalten
ISBN 978-3-440-14846-4
Projektleitung und Lektorat: Dr. Eva Eckstein
Gestaltungskonzept, Layout und Satz: Nadine Kuhlenkamp, Hamburg
Produktion: Eva Schmidt
Printed in Slovakia / Imprimé en Slovaquie

FSC www.fsc.org MIX Papier aus verantwortungsvollen Quellen FSC® C084279